不一樣的中國史 1

楊照——著

從聚落到國家，鬼氣森森的時代

夏、商

序

中國史是臺灣史的重要部分

歷史知識建立在兩項基本信念上，第一是相信人類的事物都是有來歷的，沒有什麼是天上掉下來或奇蹟所創造的；第二則是相信弄清楚事物的來歷很重要，大有助於我們分析理解現實，看清楚現實的種種糾結，進而對於未來變化能夠有所掌握，做出智慧、準確的決定。

歷史教育要有意義、有效果，必須回歸到這兩種信念來予以檢驗，看看是否能讓孩子體會、掌握歷史知識的作用。

不管當下現實的政治態度是什麼，站在歷史知識的立場上，沒有人能否認臺灣是有來歷的，不可能是開天闢地就存在，也不可能是什麼神力所創造的。因而歷史教育最根本該教的，就是「臺灣怎麼來的」。

要回答「臺灣怎麼來的」，必定預設了臺灣有其特殊性，和其他地方、其他國家不一樣，所以才需要從時間上溯源去找出之所以不一樣的理由。臺灣為什麼會有不一樣的文化？為什麼會有不一樣的社會？為什麼會有這樣的政治制度與政治狀態？為什麼會和其他國家產生不同的關係？……

所謂以臺灣為本位的歷史教育，就是認真地、好好地回答這幾個彼此交錯纏結的大問題。那麼歷史教育的內容好不好，也就可以明確地用是否能引導孩子思考、解答這些問題來評斷了。

過去將臺灣歷史放在中國歷史裡，作為中國歷史一部分的結構，從這個標準上看，有著明白而嚴重的缺失，那就是忽略了臺灣複雜的形成過程，特殊的地理位置使得臺灣從十七世紀就在東亞海域衝突爭奪中有了角色，中國之外的各種力量長期影響了臺灣。只從中國的角度，不看來自荷蘭、日本、美國等政治與文化作用，絕對不可能弄清楚臺灣的來歷。

但是，過去的錯誤不能用相反的方式來矯正。臺灣歷史不應該是中國歷史的一部分，然而中國歷史卻仍然是臺灣歷史非常重要的一部分。關鍵重點在調整如此的全體與部分關係，確認不該將臺灣史視為中國史的一部分，而該翻轉過來將中國史視為構成及解釋臺灣史的一部分。這樣調整之後，再來衡量中國史在如此新架構中該有的地位與分量。

不只是臺灣的社會與文化，從語言文字到親族組織原則到基本價值信念，和中國歷史有著太深、太緊密的連結；就連現實的政治與國際關係，去除了中國歷史變化因素，就無法理解了。硬是要降低中國歷史所占的比例分量，降低到一定程度，歷史就失去了解釋來歷和分析現實的基本作用了。

從歷史上必須被正視的事實是：中國文化的核心是歷史，保存歷史、重視歷史、訴諸歷史是中國最明顯、最特殊的文化性格。因而中國文化對臺灣產生過的影響作用，非得回到中國歷史上才能看得明白。

不理解中國史，拿掉了這部分，就不是完整的臺灣史。東亞史的多元結構無法提供關於臺灣來歷的根本說明，諸如：臺灣人所使用的語言文字、所信奉的宗教與遵行的儀式、內在的價值判斷優先順序、對於自我身分角色選擇認定的方式、意識深層模仿學習的角色模式……

歷史教育需要的是更符合臺灣特殊性的多元知識，但這多元仍需依照歷史事實分配比例，一味相信降低中國史比例就是對的，違背了歷史事實，也違背了歷史知識的根本標準。

目次 contents

第三講
新石器時代遺址探祕

第四講

夏、商、周的崛起之路

第五講

聚落、建築與共主更迭

第六講

古代文字與古代信仰

第七講

鬼氣森森的商朝

第八講

從部落共主到國家體系

第九講

商、周之際的劇變

第十講 從祖宗到天命，從鬼到人

「重新認識」中國歷史

1

錢穆（賓四）先生自學出身，沒有學歷，沒有師承，很長一段時間在小學教書，然而他認真閱讀並整理了古書中幾乎所有春秋、戰國的相關史料，寫成了《先秦諸子繫年》一書。之所以寫這樣一本考據大書，很重要的刺激來自於名譟一時的《古史辨》，錢穆認為以顧頡剛為首的這群學者，「疑古太過」，帶著先入為主的有色眼光看中國古代史料，處處尋覓偽造作假的痕跡，沒有平心靜氣、盡量客觀地做好查考比對文獻的基本工夫。工夫中的工夫，基本中的基本，是弄清楚這些被他們拿來「疑古辨偽」的材料究竟形成於什麼時代。他們不願做、不能做，以至於許多推論必定流於意氣、草率，於是錢穆便以一己之力從根做起，竟然將大部分史料精確排比到可以

「編年」的程度。

很明顯地，《先秦諸子繫年》的成就直接打擊《古史辨》的可信度。當時任職燕京大學，在中國學術界意氣風發、引領風騷的顧頡剛讀了《先秦諸子繫年》，立刻理解體會了錢穆的用意。他的反應是什麼？他立刻推薦錢穆到廣州中山大學教書，也邀請錢穆為《燕京學報》寫稿。中山大學錢穆沒有去，倒是替《燕京學報》寫了〈劉向歆父子年譜〉，錢穆自己說：「此文不啻特與頡剛諍議，頡剛不介意，既刊余文，又特推薦余在燕京任教。」

這是個「民國傳奇」。裡面牽涉到那個時代學者對於知識學問的熱情執著，也牽涉到那個時代學者的真誠風範，還牽涉到那個時代學院重視學識高於重視學歷的開放氣氛。沒有學歷的錢穆在那樣的環境中，單純靠學問折服了潛在的論敵，因而得以進入當時的最高學府任教。

這傳奇還有後續。錢穆後來從燕京大學轉往北京大學，「中國通史」是當時政府規定的大學歷史系必修課，北大歷史系慣常的做法，是讓系裡每個老師輪流排課，將自己所擅長的時代或領域，濃縮在幾堂課中教授，用這種方式來構成「中國通史」課程。換句話說，大家理所當然認為「中國通史」就是由古至今不同斷代的中國歷史接續起來，頂多再加上一些跨時代的專史。

可是被派去「中國通史」課堂負責秦漢一段歷史的錢穆，不同意這項做法。他公開地對學生表達了質疑：不知道前面的老師說了什麼，也不知道後面的老師要說什麼，每個老師來給學生片片斷斷的知識，怎麼可能讓學生獲得貫通的中國史理解？學生被錢穆的質疑說服了，也是那個時代的精神，學生認為既然不合理就該要求改，系裡也同意既然批評反對得有道理就該改。

怎麼改？那就將「中國通史」整合起來，上學期由錢穆教，下學期則由系裡的中古史大學者陳寅恪教。這樣很好吧？問了錢穆，錢穆卻說不好，而且明白表示，他希望自己一個人教，而且有把握可以自己一個人教！

這是何等狂傲的態度？本來只是個小學教員，靠顧頡剛提拔才破格進到北大歷史系任職的錢穆，竟然敢排擠數不清精通多少種語言、已是中古史權威的大學者陳寅恪，自己一人獨攬教「中國通史」的工作。他憑什麼？他有資格嗎？

至少那個年代的北大歷史系覺得錢穆有資格，就依從他的意思，讓他自己一個人教「中國通史」。錢穆累積了在北大教「中國通史」的經驗，後來抗戰中隨「西南聯大」避居昆明時，埋首寫出了經典史著《國史大綱》。

2

由《國史大綱》的內容及寫法回推，我們可以明白錢穆堅持一個人教「中國通史」，以及北大歷史系接受讓他教的理由。那不是他的狂傲，毋寧是他對於什麼是「通史」，提出了當時系裡其他人沒想到的深刻認識。

用原來的方式教的，是「簡化版中國史」，不是「中國通史」。「中國通史」的關鍵，當然是在「通」字，而這個「通」字顯然來自太史公司馬遷的「通古今之變」。司馬遷的《史記》包納了上下兩千年的時代，如此漫長的時間中發生過那麼多的事，對於一個史家最大的挑戰，不在如何蒐集兩千年留下來的種種資料，而在如何從龐大的資料中進行有意義的選擇，從中間選擇什麼，又放棄什麼。

關鍵在於「有意義」。只是將所有材料排比出來，呈現的勢必是偶然的混亂。許多發生過的事，不巧沒有留下記錄資料；留下記錄資料可供後世考索了解的，往往瑣碎零散。更重要的，這些偶然記錄下來的人與事，彼此間有什麼關聯呢？如果記錄是偶然的，人與人、事與事之間也沒有什麼關聯，那麼知道過去發生了什麼事要做什麼？

史家的根本職責就在有意識地進行選擇，並且排比、串聯所選擇的史料。最簡單、最基本的串聯是因果解釋，從過去發生的事情中去挖掘、去探索「因為／所以」：前面有了這樣的現象，以至於後來有了那樣的發展；前面做了這樣的決定，導致後來有了那樣的結果。排出「因為／所以」來，歷史就不再是一堆混亂的現象與事件，人們閱讀歷史也就能夠藉此理解時間變化的法則，學習自然或人事因果的規律。

「通古今之變」，也就是要從規模上將歷史的因果解釋放到最大。之所以需要像《史記》那樣從文明初始寫到當今現實，正因為這是人類經驗的最大值，也就提供了從過往經驗中尋索出意義與智慧的最大可能性。我們能從古往今來的漫長時間中，找出什麼樣的貫通原則或普遍主題呢？還是從消化漫長時間中的種種記錄，我們得以回答什麼只有放進歷史裡才能回答的關鍵大問題呢？

這是司馬遷最早提出的「通古今之變」理想，這應該也是錢穆先生堅持一個人從頭到尾教「中國通史」的根本精神價值來源。「通史」之「通」，在於建立起一個有意義的觀點，幫助學生、讀者從中國歷史中看出一些特殊的貫通變化。這是眾多可能觀點的其中一個，藉由歷史的敘述與分析能夠盡量表達清楚，因而也必然是「一家之言」。不一樣的人研究歷史會看到、凸顯不同的重點，提出不同的解釋。如果是因不同時代、不同主題就換不同人從不同觀點來講，那麼追求一貫「通古今之變」的理想與精神就無處著落了。

3

這也是我明顯自不量力一個人講述、寫作一部中國歷史的勇氣來源。我要說的，是我所見到的中國歷史，從接近無窮多的歷史材料中，有意識、有原則地選擇出其中的一部分，講述如何認識中國歷史的一個故事。我說的，只是眾多中國歷史可能說法中的一個，有我如此訴說、如此建立「通古今之變」因果模式的道理。

這道理一言以蔽之，是「重新認識」。意思是我自覺針對已經有過中國歷史一定認識的讀者，透過學校教育、普遍閱讀甚至大眾傳媒，有了對中國歷史的一些基本常識、一些刻板印象。

我試圖要做的，是邀請這樣的讀者來「重新認識」中國歷史，來檢驗一下你以為的中國歷史，和事實史料及史學研究所呈現的，中間有多大的差距。

也就是在選擇中國史敘述重點時，我會優先考慮那些史料或史學研究上相當扎實可信，卻和一般常識、刻板印象不相合甚至相違背的部分。這個立場所根據的，是過去百年來，「新史學」、西方史學諸方法被引進運用在研究中國歷史所累積的豐富成果。但很奇怪的，也很不幸的，這些精采、有趣、突破性的歷史知識與看法，卻遲遲沒有進入教育體系，沒有進入一般人的歷史常識中，以至於活在二十一世紀的大部分人對中國歷史的認識，竟然都還依循著一百多年前流通的傳統說法。「重新認識」的一個目的，就是用這些新發現、新研究成果，來修正、挑戰、取代傳統舊說法。

「重新認識」的另一個目的，是回到「為什麼學歷史」的態度問題上，提供不同的思考。學歷史到底在學什麼？是學一大堆人名、地名、年代，背誦下來在考試時答題用？這樣的歷史知識，一來根本隨時在網路上都能查得到，二來和我們的現實生活有什麼關聯？不然，是學用現代想法改編的古裝歷史故事、歷史戲劇嗎？這樣的歷史，固然有現實連結，方便我們投射感情入戲，然而對於我們了解過去、體會不同時代的特殊性，有什麼幫助呢？

在這套書中，我的一貫信念是，學歷史最重要的不是學 What——歷史上發生了什麼，而是更要探究 How and Why——去了解這些事是如何發生的、為什麼會發生。沒有 What 當然無從解釋 How and Why，歷史不可能離開事實敘述只存在理論；然而歷史也不可以、不應該只停留在事實敘述上。只敘述事實，不解釋如何與為什麼，無論將事實說得再怎麼生動，畢竟無助於我們從歷史而認識人的行為多樣性，以及個體或集體的行為邏輯。

藉由訴說漫長的中國歷史，藉由同時探究歷史中的如何與為什麼，我希望一方面能幫助讀者梳理、思考今日當下這個文明、這個社會是如何形成的；另一方面能讓讀者確切感受到中國文明內在的多元樣貌。在時間之流裡，中國絕對不是單一不變的一塊，中國人、中國社會、中國文明曾經有過太多不一樣的變化。這些歷史上曾經存在的種種變貌，總和加起來才是中國。在沒有如實認識中國歷史的豐富變化之前，讓我們先別將任何關於中國的看法或說法視為理所當然。

4

這是一套一邊說中國歷史，一邊解釋歷史知識如何可能的書。我的用心是希望讀者不要只是被動地接受這些訊息，當作是斬釘截鐵的事實；而是能夠在閱讀中主動地參與，去好奇、去思考：我們怎麼能知道過去發生了什麼，又如何去評斷該相信什麼、懷疑什麼？歷史知識的來歷常常和歷史本身同樣曲折複雜，甚至更加曲折複雜。

這套書一共分成十三冊，能夠成書最主要是有「敏隆講堂」和「趨勢講堂」，讓我能夠兩度完整地講授中國通史課程，每一次的課程都前後橫跨五個年頭。換句話說，從二〇〇七年第一講開講算起，花了超過十年時間。十年備課、授課的過程中，大部分時間用於消化各式各樣的論文、專書，也就是關於中國歷史的研究，並努力吸收這些研究的發現與論點，盡量有機地編組進我的歷史敘述與討論中。明白地說，我將自己的角色設定為一個勤勞、忠實、不輕信、不妥協的二手研究整合者，而不是進入原始一手材料提出獨特成果的人。也只有放棄自己的原創研究衝動，虛心地站在前輩及同輩學者的龐大學術基礎上，才有可能處理中國通史題材，也才能找出一點點「通」的心得。

將近兩百萬字的篇幅，涵蓋從新石器時代到辛亥革命的時間範圍，這樣一套書，一定不可避免地含夾了許多錯誤。我只能期望能夠將單純知識事實上的「硬傷」降到最低，至於論理與解釋帶有疑義的部分就當作是「拋磚引玉」，請專家讀者不吝提出指正意見，得以將中國歷史的認識推到更廣且更深的境界。

第一講

近百年來的古史爭議

01 為什麼要重新認識歷史？

在開始講述中國歷史之前，我想先請大家暫時假裝從來沒有學過中國歷史，暫時假設中國歷史對你來說是個徹底陌生的東西。

我當然知道大家在學校曾學習關於中國歷史的知識，為什麼不好好利用大家可能擁有的豐富底子，反而希望暫時忘記曾經學過的中國歷史？一個重要的原因在於，過去從學校裡學來的中國歷史，背後有個我們今天必須認真予以檢討的假設——將中國歷史當作一個具備高度同質性的民族文化歷程。

過去讀的中國歷史，建立在「同質性的假設」上。

不妨回想一下，從前課本裡讀到的堯舜禹湯是什麼形象？秦始皇、漢武帝長什麼樣子？順著歷史軸線回想，唐太宗又是什麼樣子？宋徽宗、明太祖朱元璋長什麼樣子？他們或許各有各的長相，然而這些皇帝身上的衣服、裝扮卻沒有什麼改變。我們應該要問：「真的如此嗎？」如果一直用「同質性的假設」去投射、想像或理解中國歷史，我們就看不到許多事實，甚至不會察覺到其存在了。

我們若是以為中國自古以來一直都有皇帝，就很難注意、更難理解中國皇帝制度是如何產生的。要從皇帝制度如何產生的角度去看，才能真確知道秦始皇的重要性，以及秦、漢作為歷史轉捩點的意義。講白了，我們得先將皇帝的「同質性」從腦海中趕出去，才能了解到秦漢帝國建立最大的意義，就在於皇帝的出現。

秦漢之前沒有皇帝，那是什麼樣的時代，什麼樣的狀況？去除了「同質性的假設」，我們才能回溯沒有皇帝的時代，看春秋戰國時代的王、侯如何遂行有效統治？他們的統治方式、權力運作，與秦漢皇帝有何不同？再往上推，西周的「天子」和後來的皇帝又有什麼不同？也就是說，我們在歷史中需要看到的是「異」，而不是「同」。

還有，如果我們想像的秦皇、漢武，一路下來到唐太宗、明太祖，統治者都是皇帝，每一個皇帝都是同一個樣子，那我們更不可能理解商朝，不可能理解從各種史料上明確反映出來的商朝文化及其統治政治，也不可能讀得懂商朝的史料。我們現在賴以了解商朝最重要的史料是甲骨文。以前的學者花了很多時間，還是弄不懂甲骨文的內容，並不是因為他們沒有能力解讀甲骨文的字型，而是沒有能力解讀甲骨文所記載的活動本質。

甲骨文和我們今天通用的文字有直接且密切的傳承關係。一個懂中文的現代人只需要一點訓練，就可以快速認出大約百分之六十的甲骨文字。因此，羅振玉、王國維這些大學者一拿到甲骨印記，很快就解讀出很多字。儘管如此，卻還要再花超過半世紀的時間，才真的清楚一連串文字講的意思。為什麼那麼難？因為絕大部分的人習慣用後來中文指涉的內容去推想甲骨文要說的事，那就走上歧途，浪費很多時間了。

02 歷史就像地圖，歷史學就是比例尺

什麼是歷史？什麼是歷史學？

歷史指的是人類過去經驗的總合，凡是人類過去經驗發生的一切，都是歷史。但歷史知識、歷史學不等於歷史。歷史是曾經存在並且隨即消逝的東西。例如一九三五年在臺灣發生的任何事情都是歷史，都是歷史的一部分。可是今天我們不會知道，一九三五年二月十三日一個到圓山附近遊逛的少年做了什麼事情。他到圓山去的那件事一旦過去了，就是消逝了，再也無法還原。

我們不可能復原歷史當中所有發生過的事情。歷史學、歷史知識和歷史之間，總是存在著一道鴻溝。歷史學不斷努力想要將過去曾經發生的事情盡量保留並予以重建，但能保留與重建的，永遠只能是真實歷史的一小部分，因而歷史學跟歷史之間，必然是一種選擇關係。

歷史這麼大，歷史學只能從中選取一部分予以保留、重建、重現，而後表達出來。歷史就像地圖，每一張地圖都有其比例尺，比例尺就意味著將現實縮小，在縮小過程中也就排除掉一些東西。義大利小說家安伯托·艾可（Umberto Eco, 1932-2016）有一篇文章講「一比一」的地圖[1]，那張地圖是覆蓋在整個地球表面的一大張紙。「一比一」的地圖不會遺漏任何東西，然而這樣的地圖沒辦法使用，也沒有人要用。地圖要有用，必然要縮小，要將一些東西排除在外才方便。比

例尺愈小，一小張就能涵蓋愈大的範圍，相對的能保留的訊息就愈少。歷史學也是如此。最完整的一種歷史知識，和歷史之間是一比一的關係，把過去所發生的任何事情如實且鉅細靡遺、如同時間倒流般，全都搬上來給我們。這種歷史知識只存在於想像中，現實裡不會有。現實的歷史知識必定經過選擇，選擇眾多歷史訊息中的一小部分，將之化為可傳述、可理解的史學內容。

如果歷史知識是一張地圖，我們要畫的是什麼樣的地圖？要用怎樣的比例尺？要依照什麼樣的原則？要保留什麼又省略什麼？這就是歷史學裡極為關鍵的概念與原則。我希望讀者先暫時擱置過去學過的中國史印象，我想帶大家走一趟不一樣的旅程。

在重新去看這塊龐大、豐富的歷史地景之前，先來回顧一下：曾經存在過的地圖是如何畫出來的？為什麼會有這張地圖？這張地圖是誰用什麼樣的方式、用什麼樣的原則、基於什麼樣的考慮、為了要給誰用，才畫成這個樣子？讓我們先跑到地圖後面，檢查其製作過程，然後再繞出來，換到另一個山頭往下看。或許最終會發現，原來的地圖只繪製了中國歷史全幅中的一個角落，而且是從特別的角度看出去的一個角落。我們不應該、也不能只看這個角落，而對另外存在的龐大區域視而不見。

1　該文為〈一比一原寸帝國地圖不可行〉，收錄在作者的隨筆集《帶著鮭魚去旅行》（*Il Secondo Diario Minimo*）（臺北：皇冠，二〇〇〇年）中。

03 從宋明理學回看中國史

我們對於中國古史多少有點印象，但這些印象是怎麼來的？

讓我們回溯到明朝中葉，從十六世紀講起。當時士人圈中，最激烈、最關鍵的一項爭議，就是「理學」上的「程朱學派」與「陸王學派」之爭。理學是宋朝以降中國士人學問的核心。理學試圖建立一整套系統，解釋這個世界是怎麼來的，為什麼會有這樣的世界？在這個世界當中，人處於怎樣的地位？如何作為一個人？作為一個人應該有什麼樣的行為，不應該有什麼行為？理學既要徹底追究源頭，又要提供具體有用的人生行為準則，是一套龐大且細膩的學問。

理學有兩項關鍵特質：第一，理學的範疇甚至比西方的「哲學」更廣，它不只解釋這個世界是怎麼來的，還要明確規範每個人處於這個世界上該有的作為；第二，理學是「一套」學問，有嚴謹的邏輯，要將那麼多的內容含納在一套可以講清楚的道理中，而不是把這些東西分開、片段處理。

「程朱、陸王」代表的是理學內部源於不同推論所產生的兩種很不一樣的整體態度。「程朱」是北宋的程顥、程頤兄弟加上南宋的朱熹，「陸王」是南宋的陸九淵加上明朝的王陽明。簡單來說，「程朱」認為建立從宇宙到人生的整套學問，關鍵程序是「格物致知」；而「陸王」卻主張，有意義的知識其核心價值應該是「明心見性」。

「程朱」強調人要變成「合格的人」，有一套循序漸進的程序與工夫，先認識萬事萬物之理，進而從中認識「天理」，認識「天理」在我們每個人身上劃分根植的「性」。為什麼朱熹要強調「四書」，將《大學》、《中庸》凸顯出來，與《論語》、《孟子》平起平坐？因為《大學》、《中庸》講的都是程序，都是按部就班、依序進展的工夫。對「程朱」而言，人要一步步由近及遠、由內而外，透過「格物致知」累積學問，包括對的學問、豐富的學問，讓你成長為對的人、好的人、有用的人。

「陸王」卻不是用這種角度看世界的。依照孟子的說法，人之所以為人，最重要的在於有惻隱、羞惡、是非、辭讓之心，在於有良知。良知就是天生的道德心。既然良知、天生的道德心本來就在我們心裡，又怎麼會要靠後天慢慢去學，靠一套吸收外在知識的工夫才能培養起來？人的教育程序，一切學問的根本，都在「致良知」，也就是找到並發揮自己的良心。這裡不牽涉到外在知識。陸象山說「先立其大者」，內在道德本心是「大」，其他外在的知識相對是「小」，是附加的。

這是看待世界及看待人的兩種不同態度，卻同屬於中國近世社會重要的「士人文化」。宋朝之後，士人興起，除了皇室之外，士人擁有最多的資源，更是社會的核心。科舉制度長期累積的影響，使得士人掌控了集體價值的決定權。兩派爭端之所以如此激烈，就是因為牽涉到科舉。

科舉的每個環節都是政治。誰來出題，出什麼樣的題目？誰來閱卷，用什麼標準閱卷？科舉決定了許多人一輩子的前途命運，決定了他們一家子乃至整個後代家族的社會階層地位。「程朱、陸王」鬥得厲害，因為不同派別對於考題、答案有不同的看法，就會選上不同的人、淘汰不同的人，如此一來，宇宙論與人生論的信念，就和派別的壯大、消長緊密連結在一起。當時社會上擁有最龐大資源的人，分別成了兩個巨大的派系，一是「程朱派」，另一是「陸王派」，兩派都必須想方設法壓倒對方。

因此士人相信什麼，不是簡單的個人信仰問題。「程朱、陸王之爭」愈演愈烈，有其難解的根本政治、社會因素。

04 探究「孔孟本意」的學問衝動

不論是「程朱」說的「格物致知」，或是「陸王」說的「明心見性」，他們的真理權威來源都是孔子、孟子，都是所謂的「孔孟本意」，即孔子、孟子原始的思想和教導本意。兩派僵持，一派說「格物致知」是孔孟本意，另一派說「明心見性」才是孔孟本意，而且彼此都指控對方違背了孔孟本意。因而從明朝中葉「陽明學」坐大之後，自然就引發了一個學問上的衝動，一種治學知識上的潮流，那就是回歸原典原籍予以顯現「孔孟本意」。

「孔孟本意」在哪裡？在書上。不只是《論語》、《孟子》，還有孔孟繼承的周朝王官學經籍，包括《詩》、《書》、《禮》、《易》、《春秋》。於是這時候開始了對「四書五經」認真仔細的考究。《論語》的字字句句都要弄清楚，尤其是牽涉兩派差異的文句。例如「我欲仁，斯仁至矣」，就七個字，但關係到是不是意味著人可以不靠學問累積而立即到達「仁」的境地，是「陽明學」的重要依據，所以有很多討論。「我欲仁，斯仁至矣」這七個字，如果不是「明心見性」，又有什麼其他解釋嗎？如果你是「程朱派」的人，會怎麼做？你必定要主張：「我欲仁，斯仁至矣」不能用表面的字義來理解，因為這些字在孔子的時代有不同的背景和用法。基於辯論的需要，進而刺激「程朱派」士人將經書中出現過「欲」的經文統統彙整出來，以便建立論據：古人所講的「欲」，本身就有層次，就有「工夫」的意涵，而不是單純「想要」的意思。

這種態度在明朝中葉之後開始湧動，愈來愈多人回到經籍「本意」上做各式各樣的研究。此路一開，大家就發現，有待研究的題材還真多！自漢朝以降，中國的儒學傳統就是建立在「傳注」傳統上，也就是說，傳統的知識學問並非以創造出新內容、新成分為目標。在漫長的歷史中，中國知識人表達知識的方式，是對於已經存在的經典進行解釋與補充。漢朝時就定了基本前提——所有值得說的，最美好、最重要的東西，都已經在之前的「黃金時代」由諸聖諸賢說過了。後來的人只能提醒（聖賢說的，我們或許忘了）以及說明（聖賢講得太精到，我們或許不能完全領略）。

「傳注」就是解經、注經、傳經，就是歷來對於經書累積的豐富說明。明朝中葉開始，我們看到一個知識學問逆溯的歷程。許多人回頭整理傳注，進行新的分類，也就是建立自己認為適當的系譜。到明朝滅亡之前，中國士人知識界已普遍接受一條原則：要理解經籍文字的「本意」和「正義」，就要從傳注中一路回溯、一路重建。而在此過程中，愈古老的資料就愈接近孔孟時代的意見，其價值也愈高。

討論「我欲仁，斯仁至矣」時，當然要看傳注內容。朱熹、孔穎達、鄭玄各有各的解釋，另外，《論語》中還記載了子張的看法，那我們接受誰的？相信誰的？在以前，這些不同時代的意見會被並列來討論，可是現在有了新的原則，基本上愈古老的論述就愈有權威。子張是孔子弟子，而且親炙孔子，所以他的話當然最可信。於是，「去古未遠」在文章或口說裡經常出現，時間性慢慢取代了論理的精妙與精到，成為決定真理最重要的標準。不是誰講得特別好，而是誰講得特別早，或講得特別接近早先的「本意」。

05 清代最重要的學問形式：考據學

這個變化在明朝中葉以後開始發展，然而緊接著發生了歷史的巨大轉變。一六四四年，明朝滅亡，女真人入關建立清朝。

清朝的建立者看到，要統治中國，必得先收拾扮演社會核心角色的士人，所以積極、嚴格地管制士人的書寫與表達自由，掀起一波又一波具備「殺雞儆猴」意味的「文字獄」。士人階層中本來就存在從「理學」內鬨而來追求孔孟本意的思想潮流，加上清朝成立後的「文字獄」威嚇，於是產生了主導有清一代最重要的學問形式——考據學。

「考據學」有兩個源頭，一是考證「五經」與孔孟思想本意的內部衝動，另一個才是外在政治管制造成的思想箝制。「文字獄」烏雲籠罩，寫別的東西都有危險，不曉得哪一天會因此賈禍，最安全的應對之道就是完全不表達自己的意見，講來講去都是「五經」，都是孔孟原本就有的意思。清朝畢竟還是尊孔尊儒的，也還是以儒學為科舉考試內容，所以研究古書既可以延續士人地位，又可以安全避禍。

「考據」成了清代最了不起的學問。那是一個奇怪的時代。那個時代的人，你的榮華富貴、職業生涯，全都取決於你能讀多少中國傳統古書，記得多少古書內容，更重要的，能比對出多少差異來。

考據的流行刺激士人追求成為大學問家，成為博學鴻儒。一個人要想受到尊敬，要能在官場上提升權威，就必須展現其讀書能力。一本書他可能讀過一百六十個版本，在那一百六十個版本中，有八十四個版本裡的這個字是這樣寫的，另外七十六個版本裡的這個字是那樣寫的，參酌其他三十本書後，他評斷這個字應該是那樣寫才對。這本事只有他有，別人只能嘆服。今天我們講起「做官」的人，想到的是財政部長、教育部長，他們天天都在開會，官愈大的會開得愈多。清代的官卻是每天在書房裡讀書，而且用一種特別的方式讀書：拿著各式各樣不同的傳注版本，不斷地比對。

「博學鴻儒」不只博學，而且其博學有特殊目的。累積的博學為了要能進行比對，最後才能提出自己的意見說：古代這個字初寫下來時，應該是這樣寫的。為什麼今天我們不是這樣寫呢？因為經過了那樣的過程，在某一個特定的版本上開始出現歧異。能夠提出意見且讓人信服，就能在官場步步高升。至於那些具體且瑣碎的事則有「吏」承擔，不是「官」的工作。

投注全國最精華的人力（最聰明的小孩，又長在可以提供最好資源的環境裡，他們是最有機會出頭的），傾全國之力（朝廷鼓勵，全社會最好的資源都給這一群人用），一兩百年下來，當然做出了相當出色的成績。

06 閻若璩的《古文尚書》探案

考據學剛開始，是考「經」。要證明「孔孟本意」到底是什麼，當然要仔細考據經書，追究書中每一個字的原始意義。考經的過程中需要佐證資料，什麼樣的佐證最有用呢？既然愈後來的傳注材料權威愈低，那就應該上溯去追，追到和孔孟時代、經書產生時代最接近的文獻來做佐證，那就是過去列為「子學」的書。

《莊子》、《老子》、《墨子》、《荀子》、《韓非子》到《呂氏春秋》，這些春秋戰國時代產生並流傳下來的文本，和五經、孔孟的時代最接近，有些甚至與孔孟同時期。於是，從考「經」很自然地擴大到考「子」，也就是考據「子學」著作版本的異同。「子學」之後，考據的精神繼續發揚，再往外拉進更多材料進行參酌比對，於是又有了考「史」的潮流，即考證多種史書的內容異同。能夠這樣持續擴張其範圍，實在是因為投入在考據的人才資源太龐大了。

考據學最重要的成就之一，就是清朝經學家閻若璩對於《古文尚書》的完整研究。依照版本流傳，《尚書》分成《今文尚書》和《古文尚書》。秦始皇焚書使得書籍失傳，《今文尚書》便是老儒伏生等人在秦亡入漢之後，憑藉記憶與口述，將尚書的內容重新寫下來的。至於《古文尚書》，傳說是魯恭王毀壞孔宅時，在孔子家的牆壁裡挖出來，藏在裡面沒有被燒掉的版本。依照這樣的來源，《尚書》內容若有出入疑義，《古文尚書》應該比《今文尚書》更加可信。

然而在傳統上，很早就有人感到疑惑，《古文尚書》和《今文尚書》讀起來，字句的難易度明顯不同，而且是《古文尚書》比《今文尚書》容易讀懂。照道理說，《古文尚書》應該比較接近商周原本，《今文尚書》是後來伏生背出來的，比較可能摻雜了後來的語法和用詞，但為什麼讀來讀去，《古文尚書》比較簡單？

閻若璩做了一件劃時代的事，他詳細考證《古文尚書》，將所有能夠掌握的資料做了清清楚楚的排比，進而比對出一個明確的答案：《古文尚書》是假造的，不可能是商周原本，而且應該是到東晉才完成。也就是說，上千年來，大家所相信的重要經書權威，認為最足以代表商到西周的文件，竟然是後人偽造的。閻若璩又考證出，偽造之事，東晉梅賾涉嫌最重。

這簡直是個了不起的偵探故事。靠著細心蒐集資料，聰明敏銳的推理，破獲了一樁歷史犯罪事件。不過這位偉大偵探閻若璩所造成的影響，遠超過《古文尚書》的真偽判斷。他開了一扇門，或者說打開了潘朵拉的盒子，從此考據一事的表面還是原來那項學問，骨子裡卻完全不同了。其中最大的不同，就是從事考據之人的基本出發點和基本假設已不同以往。

07 從「辨偽」到「疑古」

考據學內在理路的起源，是為了考究「本意」。也就是說，要努力了解這些經書真正的意義，因為它們是真理的承載者。將經書上的每個字、每段話都弄清楚，不只是各家各派不用再爭吵，我們也就充分掌握了真理。

可是從閻若璩以降，投身考據的人卻不得不多自問一個更根本的問題：這書是真的嗎？

大約在乾隆、嘉慶年間，中國的學問主流中出現了「辨偽」的概念，也就是在追索「本意」之前，先得確認什麼文獻是真的，什麼真正是孔子看到的文獻，什麼又真正是孔子寫的。辨偽，先要將假的揪出來。然而在辨偽的同時，也躍動著另一種特別的精神，那就是「疑古」。面對文獻，人們開始有所懷疑：古代人的文字和古代的文獻，真的如此這般嗎？

「以辨偽之名，行疑古之實」，這是許多考據學家採取的方式。剛開始他們不敢大張旗鼓，仍然堅持辨偽是為了確認真的文獻。可是到了道光、咸豐年間，尤其是鴉片戰爭之後，情況明顯改變了。鴉片戰爭之後，西方勢力堂皇、無情地衝進來。西方科技與西方知識源源進入，衝擊了中國人的根本自信心。原來以「辨偽」為核心的考據學，逐漸轉型成以「疑古」為主。

在西方衝擊下成長的新一代，強烈感受到反覆的屈辱，愈來愈覺得中國什麼都不對勁。為什麼中國這麼脆弱？為什麼中國人這麼腐敗？在這樣的質疑聲浪下有人就主張：和西方相比，中國沒有科學。什麼是科學？那時代的中國年輕人沒有辦法在短時間內掌握扎實明確的科學內容，然而他們從屈辱經驗中激發出的情緒，卻可以快速捕捉到一種說法：科學就是求真，而求真的另一面就是不放過任何虛假。

檢討中國的積弱不振，又一定會檢討到中國的官員與官場。《二十年目睹之怪現狀》和《官場現形記》這兩部清末譴責小說代表作，清楚反映了當時中國人的無奈及悲憤，強調中國官場裡的怪現狀，正是一切罪惡的淵藪。而官場的惡中之惡、惡之源頭，顯然就是虛偽。於是，虛假、虛偽成了中國的病根。

這些無奈、悲憤的年輕人嚮往西方，可是他們自己所受的教育卻還是傳統經、史、子、集與考據學的訓練，他們最熟悉的是中國歷史。如此一來，他們就感受到一種在官場與歷史記錄之間的對應關係。中國這麼糟，不只是官場上的人虛偽、說假話、說大話，連記錄歷史的文本都同樣在說假話、說大話，同樣虛偽。這就讓「辨偽」更進一步朝「疑古」靠攏了。

「疑古」有了愈來愈強的動機，其中最強的動機就是救國。要讓中國從虛偽中解脫出來，用科學的方式面對真實、面對自己。

08 顧頡剛的「古史層累構成說」

疑古的風潮始於清末，到民國初年更是流行。民國知識界疑古的代表人物，首推編輯《古史辨》的顧頡剛。他為《古史辨》第一冊寫了一篇長序，原始版本的《古史辨》第一冊約有四百頁，其中一百二十頁是顧頡剛寫的序。他在序中將那個時代年輕讀書人面對歷史知識時的挫折和疑惑，鉅細靡遺地記錄下來，他們因挫折和疑惑而激發出巨大的熱情。讀顧頡剛的長序就能明瞭，《古史辨》不是一項純粹的、冷靜的知識活動，而是一個熱情的理想運動。

這個理想運動很快就號召了許多人投身其間，包括胡適及後來的郭沫若等人，當時最活躍、最聰明的年輕人幾乎都參與其中。他們要救中國，要以科學方法救中國，但他們真的沒有能力用科學方法研究科學，於是退而求其次，「用科學方法整理國故」（胡適語）。他們對國故很熟，卻對科學方法一知半解，所以一整理起來，真正的重點就集中在對中國所有的古書進行一場大整肅，要從中間整出所有假的、騙人的內容。

這場大整肅初期獲得的重要結果，也是顧頡剛在那篇長序中明確提出的觀念，叫做「古史層累構成說」。

「古史層累構成說」主張，中國歷史有一個「信史時代」作為原點，從信史時代以下，歷史才有了真正的記錄，才可以被查核，也才可信。信史的起點，和過去傳統所講的歷史源頭，有很長一段差距。傳統說法中，不管從盤古開天開始，還是從黃帝開始，都不是信史，都不可信。

這些傳統說法是怎麼來的？其實是經歷了一段「造史時期」而形成的。造史時期的人們熱中於製造歷史，而且依循一個基本原則，陸續創造了種種歷史傳說。這個原則就是：愈早前的歷史是愈晚後創造的。當有一個人說：「歷史是從這裡開始。」下一個在他後面出來造史的人，就會在他所說的歷史起點之前再找出一點，說：「哦，不對，歷史其實是從這裡就開始了。」再後面又有另一人出來，跑去造更前面的歷史。這叫做「古史層累構成說」，古史是以相反程序一層一層倒過來堆疊上去的。我們今天看到的歷史，愈早的內容其實是愈後來發明的。

顧頡剛等疑古派認為，中國信史的起點，最早只能推到《春秋》。《春秋》是第一部可稽核且可信的歷史文獻，換句話說，在《春秋》之前，在東周之前，歷史都是依「層累構成」原則造出來的。關於西周的歷史內容，大概就是春秋時代的人創造的，那時他們知道的「過去」、「歷史」就是剛消逝的西周。那麼商朝呢？一定是春秋後期或戰國早期的人推在西周之前造出來的。

「古史層累構成說」一度大風靡，感染並說服了許多人。為什麼要造史？因為春秋戰國的分裂局勢，加上諸子活躍、百家齊鳴，大家紛紛提出各種主張以爭取認同，在那種環境中，歷史很有用，可以增加學說的說服力，也可以提高新興諸國的地位。「我的學說依古有據」、「我的祖先早有功績」，這種說法在那個時代很流行，刺激了人們「向前造史」的充分動機。愈後來的，愈能站在別人已有的說法上，往前誇耀自己的古老傳統與起源位置，造就了這種逆向積累的特殊現象。列國、諸子為了雄辯爭勝，就拿歷史當工具，造出許多久遠的歷史來。

在疑古派心目中，最具代表性的造史者不是別人，正是孔子。這個看法其實是承襲清末「公羊派」，尤其是康有為的《孔子改制考》而來。康有為抬高孔子，認為孔子不是真正要「復周禮之古」，而是要「托古改制」，也就是說，孔子講的那些古代聖王其實是假托，將自己的理想寄託在堯舜禹湯文武周公身上。

這豈不就是造史，為了現實需要而創造歷史的例證？孔子看不慣抓住權力不放、侵奪天子權力的諸侯，他就對諸侯說：古代有真正最偉大的君王，他不抓權力，自願將天下禪讓給真正有能力的繼任者，這個偉大的君王叫做堯。堯成了「禪讓」理想的古代代表。後來就有人在堯上面造出一個許由，他比堯更不愛權力，人家要把天下讓給他，他非但沒有接受，還馬上跑到河邊洗耳朵，覺得自己的耳朵被那句話汙染了。他比堯更清高、更偉大。

想要宣揚什麼樣的主張，大家就都學孔子「托古改制」，創造出更久遠的歷史人物來做例證。如此一來，造史造得不亦樂乎，中國歷史就被造得愈來愈長、愈來愈古了！

過去中國古史知識最重要的依據，是太史公司馬遷的《史記》。《史記》是從「三皇五帝」，從黃帝蚩尤開始講起。但顧頡剛等疑古派大筆一揮，就將中國歷史斬了將近一半。本來的「五千年歷史」，一下子變成只有兩千多年。對中國信史的主張，疑古派將它上綱為一種重要的現代態度與科學精神，實事求是，先從承認自家只有兩千多年的歷史做起。他們認為歷史是歷史，傳說是傳說，必須擺脫過去的造假習慣，認真分辨清楚兩者的差別。

09 用科學方法看中國史分期

疑古是個很激烈也很聳動的姿態。與《古史辨》約略同個時期，還有另外一波歷史的熱烈討論，那就是「社會史論戰」。社會史論戰的核心意識就是我們現在正在做的事：重讀中國歷史，重新認識中國歷史。不過它有更明確的認識基礎與目標，那就是引進西方的科學方法，重新為中國歷史分期。

社會史論戰的根源，是德國哲學家恩格斯（Friedrich Engels, 1820-1895）借用美國人類學家摩根（Lewis H. Morgan, 1818-1881）對於人類社會演進的主張，嫁接在馬克思的唯物史觀上，提出了人類歷史的演進規律：從原始共產社會進入母系社會，再從母系社會演進到父系奴隸社會，再從奴隸社會進入到封建社會，再從封建社會進到資本主義社會，最後再從資本主義社會前進到社會主義、共產主義社會。

一群中國年輕人學了這套理論作為「科學規律」，認定這就是已經取得科學證明的真理，回過頭來強烈批判一般中國人還在強調堯舜禹湯、文武周公的歷史說法，因此掀起了社會史論戰，要來爭辯：中國歷史中哪一段是母系社會？哪一段是父系奴隸制社會？封建社會取代奴隸制社會又發生在什麼時候？

社會史論戰和《古史辨》有密切關聯，因為如果沒有可信的史料，要如何辯論社會史分期呢？或者說，要討論社會史分期，必須先站在已被檢驗過的史料上來談才有意義，而《古史辨》疑古態度下進行的檢驗，讓這樣的討論變得可能。當然，受到《古史辨》的影響，這些辯論對古史史料一般都採取了相當嚴苛的態度。

他們接受了《古史辨》對於中國信史開端的看法，認為那時中國已經是父系奴隸制社會，正朝封建制社會前進。那麼在此之前呢？與其相信各式各樣後來推疊創造的傳說，還不如援用西方科學的結論，父系奴隸制社會之前一定有母系社會，就能依此推論出中國信史之前也應該有母系社會階段。

10 甲骨文對「信史」的意義

在時間上與此平行的，還有其他關係古史研究的變化在發展。一項重要的變化還是和考據學有關。從明到清，考據大盛，不過到清末之前，考據學考索的對象全都是書。然而受到考據學的影響，金石學這門原本只是過去文人消遣的學問，開始有了不同的性格。

金石學蒐集並記錄古文物，尤其注重鐘鼎之器。部分古代鐘鼎上面刻有銘文，傳統上稱為「金文」。在考據學「好古」且強調記載愈古愈有權威的價值標準下，金文有了不同的重要意義。從各種條件判斷，這些鐘鼎之器時代久遠，有早至商周的。如果其上銘刻的金文和器具一樣古老，那麼這些不見得能完全辨認的文字，豈不應該比書本的文字記錄更真實、更權威？畢竟書上的文字還是經過多次傳鈔才留下來的，金文卻原樣保持了當時的文字和內容。

然而金石之學，尤其是對金文的研究，有其現實的發展限制。最大的問題是，沒有夠多的銘刻保存下來，也沒有夠多的古物可用來建立器物系譜，辨認各種器物的年代排列，哪一個比哪一個早，進一步探測這件應該是什麼時代、那件又是什麼時代。因此，受考據學啟發的金石之學一直只能作為旁枝，而且還是伏流式的旁枝，僅吸引少數人的興趣。

重要的突破出現在一八九九年。古史研究者注意到從地底挖出來的「龍骨」。龍骨是中醫藥材，就是已經石化的動物骨骸。後來發現了一種上面有刻紋的，這些有刻紋刻字的龍骨，其實就是「甲骨」。

「甲骨」是甲和骨的合稱。甲是龜甲，不是比較厚、比較硬的背甲，而是薄一點的腹甲，蓋住肚子的那一塊。骨則主要是牛的肩胛骨。無論是甲或骨，使用前要先整治，磨薄磨平，然後在其中一面鑽鑿一個洞，翻過來在洞底下用火燒，於是被鑽鑿得最薄位置的另一面就會裂開，發出「卜」的聲音，同時裂出形狀不一的痕跡。看痕跡、解讀痕跡所顯示的意義，就可以測知祖先的意思，然後再將祖先的意思——「卜」出的答案——寫在甲或骨上。這是後來史家重建的商朝甲骨的用途。

一八九九年，在河南突然一口氣挖出了大量的「卜甲」與「卜骨」。涉入金石學甚深的羅振玉最早發現這和古史間有著非同小可的關係。從那時開始，陸陸續續有幾萬片甲骨到了學者手中，一路引導到一九二八年中國考古史上的關鍵突破——小屯殷墟的發掘。

今天已經充分明瞭，小屯殷墟是商朝最後一個都城。古史記載中的「盤庚遷殷」事件，「殷」就是指小屯這個地方。先是金石學者，後來有考古學者被「龍骨」帶領著，一路尋找其來源，終於挖出了規模龐大的小屯殷墟遺址。殷墟發掘的意義非凡，那裡出土了宮殿遺址、大批器物，出土了有銘刻的青銅器，以及更多帶有清楚銘刻的甲骨。眾多甲骨文字提供了確切的證據，證實了商朝的存在，同時也證明了顧頡剛等人斷定的中國信史開端應該要再往前推，至少推到將近四千年前。

進一步探究甲骨文記錄的內容，正如《左傳》所說的「國之大事，在祀與戎」，卜問的主要內容是祭祀和兵戎，上面會有天干地支記年、記月、記日，然後會有王的名稱。將甲骨文裡出現的王名排下來，和《史記．殷本紀》上排的幾乎一模一樣。如此產生的另外一個影響是，甲骨記錄肯定了太史公司馬遷的《史記．殷本紀》是有根據的。我們不能再指責司馬遷是到處撿來各種傳說，拼湊成三皇五帝一路下來到夏朝、商朝的故事了。甲骨文幫司馬遷平反，之後沒有人可以再用輕蔑的態度對〈殷本紀〉指指點點。我們看到的不是司馬遷記錄上的小錯，而是驚訝於司馬遷離商朝超過千年，其記載竟有高度的準確性。

〈殷本紀〉原來被疑古派劃歸入「信史」之前，也就是不可信的部分，但殷墟甲骨證明了其實是可信的。如果〈殷本紀〉後面這一半自祖甲以下都和甲骨資料相符，那麼有什麼道理懷疑〈殷本紀〉祖甲之前的記錄？再往前推，那麼〈殷本紀〉之前的〈夏本紀〉呢？是不是也要重新評估〈夏本紀〉，至少不能理所當然將之視為傳說吧？從這裡開始躍動了二十世紀古史研究中極為熱鬧的夏史問題，很多新發現的考古遺跡都曾被看作是可能的夏史材料。

11 發掘小屯殷墟的天下第一所

剛開始追尋龍骨、研究甲骨的是一群民間學者，他們靠自己的力量進行。後來在「五四運動」健將傅斯年的主持下，於一九二八年成立了中央研究院創院的第一個研究所，至今仍被戲稱為「天下第一所」的歷史語言研究所，簡稱「史語所」。為什麼是「歷史語言研究所」？為什麼將「歷史」和「語言」扯在一起？看史語所的英文名稱會比較清楚，Institute of History and Philology，是 Philology，不是 Language。中研院另外有一個語言學研究所，英文名稱是 Institute of Linguistics。傅斯年在德國所受的學術訓練，和中國傳統考據學有相通之處，都主張研究歷史要從研究古文字和古語開始，對古代文字語言的研究，就是Philology。要能夠懂古文字和古語，才能夠懂歷史。

傅斯年除了強調古文字語言的重要性，還強調用各種不同手段尋索和擴充史料，他說過「上窮碧落下黃泉，動手動腳找資料」，意味著不能留在書房、圖書館裡，動手動腳也就擺明了要做考古工作。

史語所成立後的第一件大計畫，就是安陽小屯殷墟考古。這個計畫可說是一戰成名，立刻奠定了這個機構的重要地位，對史語所及中國後來的考古學都產生深遠影響。第一個由國家策動、主持的考古發掘，就挖出如此巨大、劃時代的成就。當時參與的學者中真正有考古學背景的是李濟，而跟隨李濟的一群年輕人，當時可能都尚未決定自己的學術方向，如董作賓、高去尋、石璋如、胡厚宣，他們挖完安陽小屯殷墟遺址後，突然發現自己已然成為世界考古學的頂尖人物。

他們發現了龐大的建築結構、複雜的墓葬、精緻的青銅器，以及大批刻有文字的甲骨，更重要的，這些發現和文獻相呼應，呈現一個立體的歷史圖像。這的確是世界級的驚人考古發現。他們參與其中，得到了讓國際考古學者都感到羨慕的訓練與經驗。

不過，挖完小屯殷墟後，後續的計畫卻再也無法展開，因為接下來是連年的戰爭。一九三七年中日戰爭爆發，一九四五年抗日戰爭結束後國共開戰，直到一九四九年。之後有些人來到臺灣，有些人留在大陸，這些人的遭遇決定了中國古史研究的方向。

我不知道哪一群人比較幸運。董作賓、高去尋、石璋如等人來到臺灣，可以繼續做研究。他們還在中央研究院，在南港繼續進行殷墟的研究。當年考古挖掘出的許多重要文物都搬來臺灣，他們可以和這些文物朝夕相處，把它們認識得更徹底，解釋得更清楚。然而不幸的是，作為考古學家，他們卻從此不再有進一步的考古經驗。想想一個初出道就挖過小屯殷墟的人，要如何在臺灣做考古？曾經滄海難為水，他們怎麼可能提得起勁認真去挖臺灣新石器時代的遺跡，去挖鳳鼻頭遺址或圓山貝塚？

這群人的悲哀在於，小屯殷墟就是他們人生的最高峰。當年挖殷墟時，董作賓三十三歲，接下來他一輩子沒有離開過這個領域。來臺灣後，他仍持續研究殷墟，尤其是甲骨文，沒做別的，也做不了別的事情。他們夢想著將小屯殷墟弄清楚了，過幾年回到大陸，可以去挖掘更多文明遺址。他們一直等、一直等，終究沒等到回大陸的那一天。

正因為如此，這一批小屯殷墟挖掘出來的考古遺址、遺跡與遺物，被研究的透徹程度，在世界史學史上恐怕是空前的，說不定也會是絕後的。以董作賓研究的甲骨文為例，每一片甲骨都有詳細記錄，整合起來排出了商朝後期一百三十年的時間表，不是年表也不是月表，細到可以做日表！只要有卜問，留在甲骨上有線索的，董作賓就可以靠著干支與月相的指引，一一準確繫日，定奪這件事發生在哪個王的哪一年、哪一天。

在青銅器製作方面，他們也鉅細靡遺地復原了每一件器具的鑄造過程。他們確認範鑄法的製造流程，設計每一片的外範、內範怎麼做，又怎麼拼起來，還估計了青銅熔液的溫度、灌入熔液的角度，一直到拆範過程中會碰到的問題，一切都研究得清清楚楚。他們在這上面耗費了一輩子的精力。

12 徹底改寫中國歷史的考古發現

構成強烈對比的，是留在中國大陸的一群人。他們有他們的悲哀，最大的悲哀在於必須服膺「馬克思主義史學」，除了黨所認定的「唯物史觀」，別無其他研究歷史、寫歷史的方法。這套史學號稱「科學」，延續了之前的社會史論戰，最關心社會史分期的規律要如何運用在中國歷史上，例如什麼時候是奴隸制時代？什麼時候是封建時代？什麼時候又是中國資本主義階段？

中國在一九四九年「解放」之後，史學界另外一件大事，就是用「人民的立場」將中國歷史全部改寫一次。過去從統治者立場講的「反」與「亂」，全都要改稱「農民起義」。所以黃巢是「起義」，張獻忠是「起義」，李自成也是「起義」，全都是「起義」。然後要講究每一個時代中每一個人的階級成分，例如不能再講明太祖朱元璋打敗陳友諒，統一了長江流域，而要說小資產階級出身的朱元璋和流氓無產階級的陳友諒，在長江流域的農奴制度下結合，後來又因階級矛盾而衝突分裂。在這二、三十年間，中國歷史研究的重點就在這上面。到了文革十年，甚至連這樣的史學都沒有了，知識分子下鄉的下鄉、進牛棚的進牛棚，都向工農學習，還讀什麼書，寫什麼歷史？

同樣出生於一九一〇年前後的胡厚宣和夏鼐，有著很不一樣的遭遇。曾經參與安陽殷墟挖掘的胡厚宣，一九四九年後在考古上沒有什麼發揮的餘地，他在郭沫若的庇護下，數十年埋首於甲骨文的整理研究。夏鼐來不及趕上殷墟考古，一九四九年後很長一段時間無所表現，還好他活得夠久，經歷了文革，後來成為新中國考古學奠基者。

文革之後，中國終於開始建設，大量進行現代化的公共工程。現代工程一定要挖地基，一往下挖，不小心就挖到古代的東西。突然之間，中國社會科學院考古研究所忙起來了，每個人都派出去還不夠用，全都在做「搶救考古」的工作。在有限的時間內將古物挖出來，做基本的記錄，然後就撤隊，將工地還給施工單位，同時趕到下一個工地去「搶救」。中央的考古人員不夠，後來各省就陸續成立自己的文物隊與考古隊。

這些「搶救考古」的成績，在很短的時間內，補充了中國從新石器到銅器時代的資料，讓之前還很粗糙的歷史內容有了複雜的新認識。一九四九年之前，中國考古學整理出的系譜，有舊石器時代的「北京人」和「山頂洞人」，然而「北京人」和「山頂洞人」之間的年代相差四、五十萬年，中間的空隙無從彌補。新石器方面，能夠確認的是「彩陶文化」與「黑陶文化」，但只是單純地將這兩種文化看成是時間上相接續的，彩陶在前、黑陶在後，如此而已。

豐富的考古新發現，讓這樣的解釋架構愈來愈難應對。彩陶文化和黑陶文化，都有不同地區的幾個系統，而且都有各自的早中晚期，不能再單純視為前後兩個階段。它們在時間上有重疊，地區上也有差異。

一九四九年之前，中國考古界的共識是，新石器時代文化是在中國本土產生的。然而當時瑞典考古學家安特生（Johan Gunnar Andersson, 1874-1960）就舉馬家窯文化為例，主張製陶的技術其實是從西方傳來，因為在西北甘肅馬家窯出土的彩陶，在彩繪和燒製技術上，都高於同時期的河南仰韶。一九四九年之後，出現了更多新石器遺址，它們的地區分布與風格技術分期更複雜了，到底是哪裡先影響哪裡，就更加難以認定了。

更麻煩的還有長江流域的考古發現。河姆渡文化在大約與仰韶文化同時期就出現了種植稻米的遺跡，也出現「腳樓」的建築形式，這些都是仰韶沒有出現過的，絕對不可能是從仰韶傳過去的。在河姆渡文化旁邊的太湖區，接下來又挖出了良渚文化，出土了大批良渚玉器。中國沒有任何一個地方曾經出土過那麼多、那麼早又那麼精美的玉器。

還有一個也足以改寫新石器時代歷史的遺址，就是「西安半坡」。西安半坡遺址是一個完整的居住遺址，這非常難得，整個村子保留在遺址裡。考古上通常最容易挖到的，一是垃圾堆，一是墓葬，因為只有這兩種地方最有可能留在土層裡。居住區因為會不斷反覆使用，後來使用就改變、抹去了前面居住的痕跡。西安半坡遺址出土，讓我們可以進行古代社會組織的細部研究。西安半坡遺址的社會組織已經非常複雜，所以引發了一連串問題：為什麼會有如此複雜的社會組織？發展到這麼複雜的社會組織，前面應該會有的歷程是什麼？

接著，又因為中國考古學家蘇秉琦對紅山文化的解釋，掀起了熱烈的辯論。紅山文化在今天的遼寧、熱河一帶，是一般認定的中國邊界地帶，不屬於核心區域，可是紅山文化在工藝技術、石器技術和陶器技術上，卻遠遠領先河南仰韶文化。紅山文化還發現了大批明確的宗教祭典遺址，也異於仰韶的文化特色。

還有，在各地考古遺址發現大量的城牆遺跡，絕大部分是「夯土牆基」。夯土是一種將泥土聚積在兩邊固定夾好的設施中，隨後反覆將泥土打實的工法。宮殿遺址也是建在夯土地基上的。要夯出龐大的宮殿和城牆基礎，必定得動員大量人力，這就意味著那個社會的組織型態，尤其是統治型態，不會太簡單。

這些考古發現，徹底改寫了中國歷史。

13 考古告訴我們的歷史事實

先暫時放下經歷過種種爭議的文字和文獻資料，以考古發現開始，檢驗目前找到的最古老的考古遺跡與出土物件，透過它們重新認識中國歷史。為什麼從考古開始？因為考古發掘無從否認，實實在在保存在土層裡的物件就在那裡，透過考古分析，我們得知許多無法否定的事實。先掌握了這些事實，再以這些事實為基礎來解讀文獻，就有了明確的方向。這本來就是今天這個時代提供給我們的重要資源，是過去幾百年研究古史、爭論古史的人無法享有的資源，我們當然沒有道理不善加利用。

考古不是單純的挖掘，更重要的是長期累積經驗開創出來的分析工具。例如「層位學」（stratigraphy）可以告訴我們探坑挖下去如何分辨不同層的相對時間。新北市八里的十三行博物館裡，有個複製還原的考古探坑，構成了一整面牆，那就是層位學的現場教材。站在那面牆前，你可以清楚感覺到時間，而且是大量、長期的時間在那裡展現著。可是我們有沒有能力分辨各層時間，要如何測量各層時間？到哪裡是一層，哪裡又是另一層？那是多少不同人群反覆居住才創造出來的，可是這群人和那群人要如何區分出來？又要如何理解他們彼此之間的關係？

還有「風格學」（stylistics），這是利用挖出來的物件在風格上的異同比對，來定位這個文化的時代，以及安排與其他文化間的地理和時間距離。另外也用到一些非常明確的科學探測手法，以前利用「碳十四」很長的半衰期，來測知考古挖掘古物的年代，現在還出現一些更新的技術。還有孢子研究、植物學研究、年輪研究，都可以用來訂定歷史時間軸，並分析當時的自然或人為種植環境。

完整的考古挖掘與研究鋪出一條起點，知道哪些事是我們可以明確掌握的。例如四千五百年前，有一群人曾經在一個靠河的地方居住過，種植了小麥，還蓋了什麼樣的住宅，住宅如何集攏成聚落，他們當時又使用了些什麼樣的工具。

我們現在所看到的中國新石器時代重要的考古遺址，是從八千年前開始，有紅山文化、仰韶文化、龍山文化、河姆渡文化、良渚文化等等。當然，這些挖出來的考古結果，不會是這段歷史的全部。有些重要的考古遺址還沒有被挖出來，另外有些重要的考古遺址則可能永遠挖不到也挖不出來了。我的老師張光直先生過世前一直努力想要做的一件事，就是大規模進行黃河下游的考古挖掘。他相信那是真正商朝文明的起源地，可是因為黃河堆積的關係，一層層黃土堆了幾千年，所以這塊區域很難有考古成績。如果先商文化遺跡還存留著，我們根本不知道究竟埋在多深的地方。

重新認識中國歷史，我們要盡量不受後來的看法與偏見干擾，才看得出真正的意義。

第二講

文獻、考古與器物挖掘

01「挖死人骨頭」的一門學科

我從高中開始，自以為對文化有了特別的關懷，也自以為讀了許多談文化的書（如《中國文化史》、《西洋文化史》、《東西文化及其哲學》、《中國文化的前途》、《佛教與中國文化》等等），卻遲遲沒有接觸過一個名字上有「文化」的學科——文化人類學。

我們那個時代（一九八〇年代初期），高中考大學時要填志願，但老實說，對於擺在我們眼前的大學科系，絕大部分都搞不清楚狀況。文科志願中最奇怪且最難理解的，首推全臺灣獨一無二的「臺灣大學考古人類學系」，就此一家，別的大學都沒有這種怪系，偏偏又開在臺大，而不是任何其他大學。如果是臺大以外的任何一所大學單獨開了這個系，我們的反應可以很自然、很直接——不理它，當它不存在就算了。然而這是臺大文學院的最後一個志願，絕大部分的人還是覺得不能放棄任何可能上臺大的機會。

於是我們難免要對「考古人類學」這幾個字多看幾眼，難免要嘟囔討論一下這幾個字的意義。不知從多久以前，建國中學文組班的學長們就流傳下來對「考古人類學」的簡單定義，用臺語說就是「挖死人骨頭的」。

就算我年少時興趣廣泛，也不可能會對專門學習如何「挖死人骨頭」動念。自己認定了就是要讀歷史系，連外文系、中文系都沒填進志願裡，當然更不會考慮考古人類學系。

沒想到我依照自己的志願進了臺大歷史系，而大一的必修課中，赫然出現「考古人類學導論」。我高中時期蹺課就蹺得厲害，上了大學更是變本加厲，大部分時間寧可耗在圖書館裡找書讀書，課堂能不去就不去。開學好一陣子，都還沒好好在「考古人類學導論」的課堂上坐過，也就一直沒搞清楚這究竟是怎樣的一門學問。

我不急也不在乎，歷史系的直屬學姊卻比我急、比我在乎。她好心地翻找出大一時用過的筆記祕笈，硬塞給我。我花了一兩個小時在圖書館翻了翻上學期的筆記，哇，「考古人類學」還真的是「挖死人骨頭」的啊！

陳奇祿老師教的「考古人類學導論」，先列出了考古人類學的分項內容，包括「體質人類學」、「考古學」、「民族誌」和「文化人類學」，然後進入對於「體質人類學」的說明。筆記上密密麻麻都是人體結構的繪圖，有骨骼形狀，還有關於人骨的種種專有名詞。乍看之下，很像醫學系學生的課程內容，唯一最大的差別是：不教肌肉，不管內臟，就只有骨頭、骨頭、骨頭！

寒假前，上學期的「考古人類學導論」期末考，我考得一塌糊塗。考卷上有一大題完全空白。陳老師上課時交代過，一定會考關於人類頭骨的相關名詞，大部分同學都知道要特別準備，只有我不知道。「請寫出『頭寬』、『頭高』、『頭長』的定義及其學名。」看到這樣的題目，我只能望而生嘆。

考試成績公布，我的「考導」（「考古人類學導論」的簡稱）真的被「考倒」，拿了六十二分，在班上排名倒數。看完成績走回文學院，我想起筆記上說，下學期「考導」的主要授課內容是「文化人類學」。為了避免又被「考倒」，我決定到圖書館借幾本「文化人類學」的書，放假時好好提前進入狀況。

02 對考古的偏誤讓我吃了閉門羹

這一讀，竟使我狀況大亂。文化人類學開展的視野，逼我重新思考歷史、史學與歷史系的訓練。相較於文化人類學那種結合科學、理論、荒野冒險與文學記錄的研究方式，歷史，尤其是我當時所了解的傳統歷史與史學，顯得如此狹隘，如此平板且古板。

大一下學期，和上學期徹底相反，「考古人類學導論」成了我最感興趣的一門課。我還是沒有花太多時間在陳奇祿老師的課堂上，不是因為對他教的沒興趣，而是嫌他教得太少，教得太慢了。我拿著那份筆記，把下學期「考導」課程中提到的每個人名、每本書名都鈔記下來，然後到圖書館裡抱回一堆又一堆的書。

兩三個月的時間裡，我認真讀了英國社會人類學家埃德蒙・利奇（Edmund Leach, 1910-

1989）寫緬甸高原社會原住民結構的書，讀了波蘭人類學家馬林諾夫斯基（Bronislaw Kasper Malinowski, 1884-1942）和英國人類學家伊凡・普理查（E. E. Evans-Pritchard, 1902-1973）的民族誌，還找到了法國人類學家李維史陀（Claude Lévi-Strauss, 1908-2009）所著《憂鬱的熱帶》（*Tristes Tropiques*）的英譯本。

在臺北逐漸熱起來的日子裡，我開始閱讀，然後確信自己喜愛人類學遠勝過喜愛歷史。於是我鼓起勇氣，到「洞洞館」的考古人類學系系辦公室，詢問如何轉系。

系辦助教聽不懂我在講什麼。前面三分鐘，他認定我要問他如何從考古人類學系轉出去，因而帶點不耐煩地反覆聲明：「你想轉哪個系，就去問那個系，有的系有轉系考，有的系沒有。」我再三說明我就是想轉入考古人類學系，所以才來問的，但這話好像無論如何都敲不進他腦袋裡。終於，他弄懂了，驚呼一聲：「怎麼會？」

考古人類學系沒有固定的轉學規定。助教幫我問了之後告訴我，因為已經多年沒有遇到有學生要轉入，所以把成績單交來，然後和系主任談談，應該就可以了。

那年考古人類學系的系主任是李光周老師。約好時間，我就去辦公室見他，見面的第一個問題當然是：「你為什麼會想轉來我們系？」我早準備好答案了，立即將我對文化人類學的一點點認識全盤掏出，說了一大串話，甚至還狂妄地比較了英國的「結構功能學派」和法國的「結構主義學派」。

李光周老師很有耐心地帶著微笑聽我講，沒有打斷。等我講完，他才幽幽地問了一句：「這個系叫做『考古人類學系』，但你都沒有講到『考古學』？」我愣了一下，還真沒防備到會有此一問。我以為顯現了自己對於文化人類學的熱情與理解，系主任應該會讚許地點頭說：「很好，歡迎加入我們！」

我沒防備也沒有預想答案，不到二十歲的我只能從心底掏出真話。我不喜歡考古學，覺得考古是一門很無趣的學問，而且其研究方法與知識推論大有問題。什麼樣的東西會留在地下，什麼樣的東西會被挖掘出土，充滿了偶然，要如何靠那麼偶然又稀少的材料，來推斷過去的人類文化與歷史呢？

李光周老師還是很有耐心地帶著微笑聽，也沒有打斷。又等我講完後，李老師仍然帶著微笑給了我答覆：「這位同學，現在我明白你『考導』成績為什麼會那麼奇怪了。很抱歉，我無法接受你轉系，不是因為你剛剛說的話，你來之前，我們在系務會議簡單交換過意見，系裡有老師提醒我：一個『考導』只考了六十二分的學生，實在不適合轉進我們系。」

我想爭辯說：「那是上學期，下學期我一定會考出全班最高分！」但沒說出口。李老師多加了一句：「不過我個人很歡迎你多到系裡上課，尤其是考古學的課，你對考古學很有偏見啊！」

三十多年後回想起這段往事，我還是忍不住對自己的無知感到滿臉燥熱。我非但不了解考古學，也不了解中國考古學的驚人成就；我非但不認識代表中國考古學最高成就的學者如李濟先生，也不知道李光周老師就是李濟先生的公子！

03 一個歷史系學生的考古啟蒙

但李光周老師非但不以為忤，後來幾年還親切待我，讓我有機會接觸、學習考古學，扭轉了原先的無知與荒唐態度。二年級到三年級，我經常在臺大考古系所在的「洞洞館」出沒，三不五時就會碰到李光周老師，他都還記得我，會把我叫過來問幾句話、說幾句話。大二暑假時，李老師還破例讓我和他們系裡的學生去鵝鑾鼻考古。當然，那個時候我看待考古學的態度已經完全不一樣了。

透過李光周老師，我因此有機會實地從事考古。容我特別提及李光周老師，我大學畢業第二年，還在鳳山當兵時，突然接到他過世的消息，那時候他還不到五十歲。

我有幸曾在田野中幾次進出。想想，一個歷史系學生因為考古學成績太差而無法如願轉系，這位考古學出身的老師卻願意這樣帶我、鼓勵我。因為李老師和後來的張光直老師，讓我不只熟悉了考古學，而且對考古學有了深切的感情。

今天，臺大沒有考古人類學系了，改名為「人類學系」，將考古學納入人類學中的一支，不再另外凸顯出來。其實，當年的「考古人類學系」名稱，反映了中國特別的狀況，也就是考古學的強大。考古學為什麼特別強大？因為李光周老師的父親李濟那一輩的驚人考古成就，建立了這門學科的自信與地位。

也許你曾聽過這樣一個笑話，是關於可憐的波蘭人。在歐洲的刻板印象中，波蘭人最笨，所以許多笑話都以波蘭人為主角。光是以「需要幾個波蘭人才能換一個電燈泡」作為開頭，都能衍生出幾十個笑話來。

另外一個普遍通行的笑話，則是波蘭發生空難，飛機墜毀，波蘭軍警趕往救援，波蘭電視新聞即時報導，記者緊張激動地對著鏡頭說：「太悲慘了！太悲慘了！到目前為止已經挖出一千三百多具罹難者屍體，而搶救工作還在進行中，仍未完成！」一架飛機失事，為什麼會有一千多人罹難？喔，原來是飛機撞得太深，撞進一個考古遺跡，但波蘭人搞不清楚！

這個笑話一方面反映了歐洲人對波蘭人的歧視與偏見，另一方面也反映了對於考古學的偏見——把地底下的骨頭挖出來，這算學問嗎？在西方，考古學直到十九世紀中葉才正式成立，是一門晚熟的學問。

西方考古學是在十九世紀中期成熟的。任何學問、知識與十九世紀歐洲扯上關係，必然會沾染上那個時代兩個看似衝突、實則並容且互補的特性：第一，十九世紀是科學與科學主義的世紀；第二，從另一個角度看，十九世紀又是浪漫主義的世紀。考古學在十九世紀所經歷的成熟過程，也無可避免受到這兩項特性的影響。

04 特洛伊：西方考古學的浪漫大夢

十九世紀考古學崛起過程中的一位關鍵人物，是德國人海因里希．施里曼（Heinrich Schliemann, 1822-1890）。他擁有驚人的語言天分，會講十八種語言。不是略通，拿來和人閒聊幾句日常會話而已，他充分利用這十八種語言，在各地旅行時，走到哪裡，就用那個地方的語言寫日記。

施里曼還真走了不少地方！他是個很成功的商人，發跡甚早，在俄羅斯和美國都累積了龐大的財富，所以年紀輕輕的，才三十六歲就已經可以安穩退休了。

那麼早退休要幹嘛？施里曼將所有的時間、精神和財富，都耗在小亞細亞的考古挖掘上。他對這件事的投入與專注，誇張到甚至離婚之後，還在希臘雅典的報上刊登徵婚啟事，徵求對古希臘歷史有強烈興趣的女子當他的新娘。

施里曼小時候家境不好，念的是職業學校，沒上過大學。不過十四歲時，他在一個特別的場合聽見一位大學生用古希臘語誦唸《荷馬史詩》中的《伊里亞德》（*Iliad*），便深受吸引。以古希臘語誦唸《荷馬史詩》，詩行是押韻的，有很強烈的音樂性，而且是用傳唱的方式流傳下來。施里曼從來沒聽過這麼美的聲音，於是立志要學古希臘文。憑藉著過人的語言天分，他很快就學會了，可以自己用古希臘文讀《荷馬史詩》。後來，他產生了一個當時幾乎沒人同意的強烈信念，他認為史詩中的這些內容，不會是荷馬或歷代吟遊詩人憑空創造出來的。

《荷馬史詩》在歐洲已經存在了兩千多年，是一代代歐洲青年所受的人文教養中不可或缺的一環。《荷馬史詩》中的許多人物、故事，是歐洲人的共同記憶，也是歐洲文獻背後共同的典故。長期以來，大家都認定《荷馬史詩》是希臘神話的一部分，或者說和希臘神話有著同樣的來源。那當然不是歷史，不會有歷史的依據。

《荷馬史詩》中有那麼多與現實不符的內容。例如《伊里亞德》中最重要的英雄，是刀槍不入的阿基里斯，他只在腳踝上有致命的弱點，那是因為他剛出生時，媽媽握住他的腳踝將他全身浸入神液中，但媽媽手握之處沒有泡到神液。他是半人半神。還有許多純粹的神穿插在史詩故事中，他們住在奧林帕斯山上，掌握人類的命運，還會隨時以神力戲弄、干預人事。還有一個迷倒所有男人的大美女海倫，偏偏嫁了一個懦弱的丈夫，但丈夫的哥哥卻極度強悍……

這些像是人間現實中會發生的事嗎？然而施里曼讀了《荷馬史詩》後，卻直覺認定：那一場圍城特洛伊的戰爭必定是事實，如果沒有發生過那十年戰爭，荷馬不可能憑空虛構，講得出這麼精采且複雜的故事。和當時一般人的常識相牴觸，施里曼堅持特洛伊圍城真的發生過，而且下定決心要去證明他所相信的才是對的，眾人抱持的常識是錯的。

要如何證明呢？靠考古挖掘。施里曼接觸了考古學，考古學就是他的依賴。若是真的有那一場戰役，戰爭打了那麼久，那麼特洛伊城不會是一座小城，特洛伊城不可能憑空從這個世界上消失。只要用對的考古方式，就能將特洛伊城挖出來，證明給不相信的人看。

在施里曼的堅持與毅力下，如此瘋狂的想法竟然實現了，寫下十九世紀考古學最浪漫、也最驚人的一頁。施里曼改寫了考古學史，同時也吸引了大批帶有浪漫幻想的優秀人才，陸續投身加入考古學的行列。

05 考古學彼此矛盾的兩面要求

十九世紀的歐洲人懷抱巨大的知識野心，要用科學方法找到宇宙間所有的規律。這個野心來自於累積多年對於物質世界的研究。天上星辰的移動，基本上沒有任何一步脫離牛頓的力學定律。星辰如此，其他物質何嘗不是如此？十九世紀化學大幅進步，物質為什麼是硬的或是軟的，什麼時候這項物質可以被燒掉，什麼狀況下又會留存下來，都依循著人可以發現、歸納、整理的化學律則。在我們能見到、能觀察的這個世界，如果所有物質、所有物體都有一套規律和規範，那就沒有道理相信唯獨人類的行為是例外。

在十九世紀，歐洲人做了這場既科學又浪漫的大夢：尋找、發現、訂定「人到底是怎麼來的？又要往哪裡去？」的規律和規則，然後從中取得預見未來的能力。要預見未來，得先整理現實及過去的材料，從對這些材料的研究中找出規則來。

考古學是人類學的一支，而人類學是一門學習、研究、記錄「原始文化」的學問。對於非文明或文明開化前的人群生活進行觀察記錄，是人類學的學科使命。為了達成這項使命，一邊運用考古為工具，把過去人類曾經有過的遺跡挖掘出來；另外則以民族誌的方式去研究撒哈拉沙漠的貝都因游牧民族，或者大洋洲的超布連島文化。

人類學熱中研究「原始民族」（aborigine），源自根深柢固的規律信念，相信人類的演進有一定的規律，只要是人，就應該按照一樣的規則變化。從粗糙、野蠻、簡單的，一步一步慢慢進步、演變為文明、複雜、有禮貌、可以和平相處的。這些變化的過程，有一部分記錄在文明歷史中，但畢竟不是一有人類就有文明歷史。這就留下了關鍵難題：人是怎麼開始有歷史的？在有歷史之前，人如何變化？

處理、解決這些難題，要依循兩條路徑。一條是研究「原始民族」。他們當時相信，像是斐濟島上的居民，或是撒哈拉沙漠的貝都因人，都是「活化石」。人的演進發展只能有一條路，但是不同的人依其聰明才智、依其機遇不同，有的人走得快，有的人走得慢。西方人當然認為自己走得最快，回頭看，喔，中國人落後了三步，日本人落後了五步，或許西伯利亞人落後了二十步。更後面還有甚至不曾發明文字的人，他們尚未走入歷史時期，於是可以藉由研究他們的行為和生活，去比擬並理解全人類在歷史時期之前的狀態。

另一條途徑是研究「史前人類」的遺跡。埋藏在地底保留下來的物質遺跡，可以部分復原當時的狀況。民族誌調查與考古學材料加在一起，就有機會完整建構起「人類的史前文明史」，獲得對於人類「史前文明」的認知與了解。這是考古學和人類學在十九世紀關係密切，而且興盛成熟的重要背景。

考古學背負巨大的浪漫夢想。考古讓我們證實過去真確發生過的事。考古讓我們看到歷史無法記載、沒有記載的事，也幫助我們修正歷史曾經有過的記載。然而，伴隨著這樣的浪漫學科目標和學科精神的，卻是極其嚴謹的科學主義下頗為枯燥無聊的工作。

所以，培養優秀的考古學家比培養任何其他學科優秀的學者更加困難，因為考古學的兩面要求基本上是彼此矛盾的。缺乏浪漫、想像的能力，不可能成為優秀的考古學家；可是反過來看，具備浪漫熱情與充沛想像力的人，誰會願意耐著性子、頂著大太陽，在高雄鳳鼻頭「挖死人骨頭」？考古工作有其極度枯燥無聊之處，有時甚至必須等待運氣降臨。

06 石頭？還是石器？

因為對考古學一直懷抱著濃厚的興趣，到美國念研究所時，我修習過一門「進階考古學」（Advanced Archeology）。「進階考古學」討論課的第一堂，助教一進門，手裡拿著兩塊石頭，用右手的石頭猛力去敲左手的石頭，左手那塊類似頁岩的石頭被敲了開來。助教剝開一片薄薄的石頭，突然就往自己的手臂上一劃，鮮血馬上冒出來，滴到地上。我們都看呆了。

後來我們才知道，考古系助教幾乎每個人都有這等本事，用最戲劇化的方式解釋：什麼叫做「石器」？一般的石頭和「石器」有什麼差別？用這種令人難忘的方式，助教示範了最重要的一點：石頭是可以拿來用的。簡單的石頭就可以拿來割、拿來切、拿來砸，可以拿來做很多事情。

那麼，我們如何分辨石頭與石器？一般的石頭什麼時候會變成石器？從地底下挖出那麼多石頭，要如何判別那是石頭，還是代表人類史前文化的石器？

想到考古，我們很自然想到「挖死人骨頭」，接著很可能自然就想到彩陶和黑陶，以及許多精美的出土器物。但這仍是考古學較為浪漫的一面所留下的印象，不是普遍的事實。枯燥、艱難的事實是，在考古田野工作上，甚至連什麼是值得被挖出來、什麼是值得被保留的都沒那麼清楚。「死人骨頭」和彩陶、黑陶，至少我們一眼就能看出那是什麼。

考古需要耐心，也需要運氣。上萬年的人類活動留下眾多物件，埋在地底下。古往今來的「死人骨頭」，理論上應該有上億副吧！但誰知道他們都埋在哪裡？那麼廣大的人類文明分布區域，以今天的條件，我們能夠挖得完嗎？我們能挖幾個地方、哪些地方呢？你怎麼知道在哪一點上埋藏著凱達格蘭人的遺物？你怎麼知道要去哪裡挖出「十三行文化」的遺址？

和人類文明分布的範圍比較，考古能挖的面積很小很小；但和考古挖掘能挖出的物件尺寸相比，不幸的是，考古挖掘進行的面積卻又很大很大。在一平方公尺的範圍內，我們要找、能找到的是多大的東西？如果認真看考古報告，或真正去田野聽過老師的現場叮嚀，你會很驚訝、很緊張。一般的考古物件，如石器、骨器、玉器，其尺寸不外就五公分、十公分那麼大。在一平方公尺的方格裡，拿著鏟子一層一層挖下去，你真的有把握自己能找到、能分辨出那五公分或十公分的東西嗎？

考古學最大的一項考驗是，你能看得出考古物件嗎？愈古遠的物件就愈難分辨。李光周老師當時會讓我去參加田野研究工作，我明白了，因為唯有實際參與，才懂得具體分辨人為的東西和自然的東西。看一下我隨手從「丁村文化」考古

丁村文化石器圖

報告2中挑出來的圖，你有辦法一眼看出這些是石器而不只是石頭嗎？如果將這些東西拿來擺在桌上，說這是在路邊撿來的石頭，你應該不會有任何懷疑吧？

07 考古是想像力的串連

小的東西難挖、難辨認。大的東西、大尺寸的遺跡也沒有比較好挖，或是比較容易辨認。

請看一下鄭州商城考古圖。圖上畫出來的鄭州商城差不多有七百公尺長，但這麼大的一座城是怎麼挖出來的？

首先別弄錯了，絕對不是先有一張藏寶

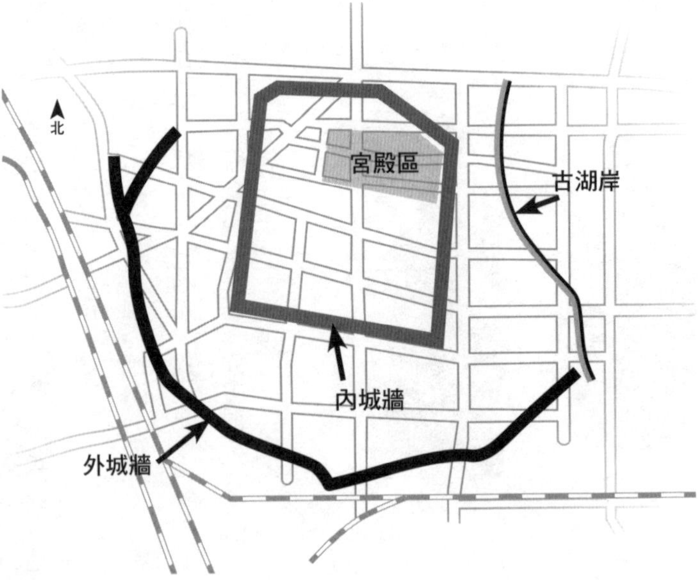

鄭州商城考古圖（參考來源：《中國文物報》2012年5月11日7版）

圖，告訴我們地底下埋了一座三千年前的城市，然後我們照著藏寶圖往下挖的。沒挖之前，誰都不知道底下有什麼東西或有沒有東西。所以開始進行時，一般是依照古文獻判斷這裡可能是古代的重要居住區，或是在偶然的工程打地基時挖出特別的、奇怪的東西，告訴我們這裡值得一試。

但也真的就是「一試」。沒有藏寶圖，不可能有事先完整的挖掘計畫，要挖哪裡、挖多大、挖多遠都不知道。考古人員只能按照現場條件，先開「探坑」，試探性地在這裡挖一小塊，在那裡挖一小塊。

鄭州商城考古挖掘的關鍵在第三號探坑。一挖下去，在那小小的坑裡就挖到了夯土地基。從探坑挖掘可以明確知道一件事：這個夯土地基的範圍大過探坑面積。好，那我們就沿著發現的夯土地基擴大挖掘，把完整的地基挖出來？想得美！一來，探坑旁邊有現代的房子，哪能拆了人家的房子讓你挖？二來，你有多少人力經費可以一路挖，地基有多大就挖多大？

考量到現實因素，考古上的真正做法是，判斷（其實大部分是猜測）這片夯土地基可能的分布與走向，然後再開其他的探坑。不同方向開了探坑，哪個探坑在類似地層也發現了夯土地基，那就可以在想像的地圖上，將這兩片地基連起來。另一個探坑中沒有夯土地基，或許我們就在距

2 可參考山西省考古研究所編著，《丁村舊石器時代遺址群：丁村遺址群一九七六—一九八〇年發掘報告》（北京：科學出版社，二〇一四年）。

離第三號探坑和這個探坑之間較近的地方再開一個探坑。

要開挖很多探坑，找到夠多證據，才能進行大面積的開挖。而即便是大面積開挖，受限於當前的土地運用，必須躲開房屋、道路，甚至人家的農田，仍然不可能挖掘城牆的完整基址。這裡挖一段、那裡挖一段，然後依想像將各段連起來，還原整座古牆的位置。

鄭州商城應該是商朝中葉的王都，規模幾乎和清朝的臺北城差不多大。就算我們認知到鄭州商城是了不起的考古發現，但我們今天不可能將地面的房屋、道路、公園都拆掉，去把鄭州商城全部挖出來，只能靠探坑所得半猜測地畫還原圖。

考古學就是有這一層本質上的限制。許多埋藏考古遺跡的地方，是人類歷史上長期的居址，兩個因素會讓考古資料難以保存。第一，直到十九世紀之前，一般我們生活中使用的絕大部分東西都會消失，回到大自然裡，不留下任何痕跡。通常需要有特殊自然條件的配合才會留下痕跡，比如覆土隔絕了空氣，或者在地層溫度和壓力改變下被石化的東西才能留下來。反覆居住的居址就沒有這個條件。這一代人死了，下一代又來，地層上很難累積東西。

第二，像這種反覆居住的居址，如今變成城市，上面有道路，再怎麼了不起的人類文明遺物，都非常難與活人正在使用的現實競爭。

考古學有其學科內在的巨大限制。要將幾百年、幾千年來埋藏在地底下的東西挖掘出來，除了耗費苦工外，還要忍耐挫折，因為你永遠不會知道哪裡有東西。考古難就難在，人類文明的遺留物到處都可能有，但是實質挖掘工作能挖的面積卻相對很小。

所以考古學必須倚賴豐富的想像力，這又是一般人很不容易了解考古學的另外一面。挖東西，並把挖出來的東西用最簡單的方式記錄下來，需要什麼想像力？

太需要想像力了！一方面需要想像力去尋找該挖、可以挖的地方，另一方面也需要想像力將眼前挖到、看到的東西加以復原。

我們看到的鄭州商城，不是真正考古挖出來的模樣。考古學家告訴我們，到商朝中葉已經有了這樣的建築物，宮殿建築大概有三十到三十五公尺寬。這樣一座大宮殿一直埋在土裡，三千年後卻讓我們挖了出來？當然不是。實際上從地裡挖到的是宮殿坐落的夯土地基，最關鍵的是，夯土地基上留有大大小小的柱洞。藉由柱洞的分布及其大小，考古學家盡可能合理地推測，在柱洞上站著什麼樣的柱子，這些柱子承載什麼樣的高度、什麼形狀的屋頂。

當你發現有兩排柱洞並列，就推測有兩排柱子並排，接著想像兩排柱子應該有不同的高度，來承載屋頂不同的斜度，才會如此安排。考古真正確知的是這些柱洞。

到過考古田野的人都知道，刷子是考古工作中很重要的一項工具，一定要學會用刷子刷的習慣與技術。鄭州商城的宮室地基是在四點五公尺的地下挖出來的，一層一層挖下去，挖到差不多地下三層那麼深，就算你懂得分辨出夯土與周圍沒有夯過的原始土層的差異，又怎麼知道哪裡有個柱洞呢？這靠的是經驗，察覺可能有洞的地方，非常小心地用鏟子將洞中沒有夯過、硬度不同的土鏟開，再把刷子將柱洞的形狀、柱洞的範圍刷出來。當洞的輪廓浮現，再看看周圍有什麼其他線索，一點一點地刷理。這樣一個帶柱洞的夯土角落，大概就夠一位研究生忙一個禮拜了。

08 考古助力：用科學規律進行排比

考古得到的材料如此有限。不過，幸好考古學有著十九世紀科學主義信念的協助。科學主義相信人類的發展依循著同樣一條路，對於普遍的人類生活歷史發展做了許多假設。例如人類一開始都是先學會敲擊法，用「打」的方式去製造石器，讓石頭變工具、變武器。接下來進一步學會用「磨」的步驟來改造石器。從「打」到「磨」，也就是舊石器時代和新石器時代的重大區別。新石器時代之「新」，基本上就是由發展出磨製法來定義的。

從舊石器時代到新石器時代的另一項重要發展，是人學會了如何有效且準確地控制火。有了火、能夠控制火，然後才會出現考古學上另一項重要人類文化指標，那就是「陶器」。為什麼絕大部分的人類文化都出現陶器？因為人類生活需要水，有了火，偶然的情況下火將土燒熱燒硬了，產生的新東西具備不透水的特性，最適合盛水。泥土允許人捏製成不同形狀，再燒過變得不透水，人就擁有可以裝盛水的容器了。

新石器時代進一步發展，磨製石器更好用，人慢慢學會了翻土、播種、種植，於是人為的「農業」產生了。人為種植的植物中，最容易生長、收穫相對穩定的是草本的穀物。但穀類作為食物有一個嚴重缺點——堅硬，無法生食、即食。幸賴有火，有燒硬的土做成的容器，人學會將穀物加水放入容器中，經過加熱煮軟穀物，變成可食的方式。如此一來，人就能從穀類作物上取得穩定而豐富的熱量來源，人類的生活又大大躍進了一步。

這些變化與發展環環相扣，彼此關聯。

最早出現的粗糙陶器是用手捏的，再下來人稍微聰明一點，有一個稱為「繩陶」的階段。製造陶器最大的關鍵在於器皿必須是中空的，剛開始的時候用手捏，非常不容易捏得平均，也就不容易燒製成功。器皿表面溫度不平均，燒的過程很容易破。後來發明一種新方式，將陶土揉成長條狀，一圈圈、一層層繞出中空的器皿，只要陶土條揉得一樣寬，像繩子一般，如此堆起來的器皿壁面就會比較平均。繩陶明顯的好處就是，比起單純用手捏製的陶器，它的壁面平均，燒製時比較不會因壁面不均或熱漲冷縮不平衡，而把陶器燒壞、燒破。

繩陶什麼時候消失的呢？當人類發明了陶輪，懂得藉由轉動陶土以捏出壁面平均一般厚薄的陶器時。在功能上，輪製的陶器可以燒得很硬、很堅實，盛水燒煮都沒問題。也就是說，單純從功能角度來看，輪製陶器夠好了，所以幾千年後的今天，我們製陶、燒陶的初步工具仍然是陶輪，和幾千年前的人類使用同樣的方式，都是在陶輪上捏陶。

功能完善了，但陶器並沒有停止變化。下一個變化是：人類發展了初步的審美觀念，開始在意陶器外表好不好看，於是又出現白陶或彩繪陶。

白陶的產生與燒陶的溫度有密切關係，必須有高溫燒陶的技術，才燒得出那種顏色。燒陶溫度提高，到了不只可以燒硬泥土，甚至可以燒熔金屬的地步，於是出現了銅器。銅器分成紅銅和青銅，差異在於燒製的溫度。一般相信燒製溫度較低的紅銅，在時間上早於所需燒製溫度較高的青銅。青銅的硬度大約七點八，紅銅只有五點多。

考古學藉由不同文化出土的東西，累積出這套規律。以這套程序規律為準則，再反過來評判新出土物件的階段順序。挖出東西來，先用這套科學規律進行排比，排出一個基本發展階段順序來。有一種考古探坑、遺址最讓人興奮，堆疊了很多層，每一層都有器物出土，一層層挖下去，等於像穿越時光隧道一樣，逆向顯示出文化的發展。

09 考古現場：墓葬和垃圾堆

一般來說，重複居住的居址通常不容易挖掘。人活得好好的，一代接一代，不會在地底下埋什麼東西。房子舊了壞了，就把房子打掉，廢物運走，再蓋新的在上面。居住遺址很珍貴，可以告訴我們最多的事情。西安半坡遺址和姜寨遺址，都是挖出兩大塊村落的居住遺址，很珍貴。但那是稀有遺址，不是一般考古發現的常態。

大多數時候，最有機會挖到東西的地方其實是古人的垃圾堆。像是圓山貝塚，出土了一大堆貝殼，那就是當時的人吃完貝類後，將殼集中丟棄的垃圾堆。考古學的進展必須經常依賴前人的垃圾堆。廢棄的垃圾比持續使用的物品更有可能留下來。通常沒有人會去搬走垃圾堆，以後使用居址的人也不會去動垃圾堆。

「工坊」、「作坊」旁邊的垃圾堆是最有價值的。臺北故宮曾經辦過「汝窯特展」，展覽中一部分展品是故宮所收藏，當然就是從清代皇家一路延傳下來的，都是精品。另外有一部分則是從河南文物考古研究所借展的。小朋友會對大陸借展品特別有感覺、特別有意見，他們直接反映：「這些怎麼都破破的？」

之所以「破破的」，因為是考古學家從地底下挖出來的。宮廷收藏的汝窯精品不可能藏在地裡讓考古學家去挖吧？考古學家能挖的，是汝窯作坊做壞不要、堆到垃圾場去的。這樣挖出來的東西在古董市場上的價格很低，可是在歷史研究上的價值很高，讓我們可以更普遍了解當時的工藝技術與工藝標準。

鄭州商城挖出過一個最驚人的作坊及其垃圾堆，就是「人骨作坊」。那是做骨器的地方，只不過使用的材料是大量的人骨。大陸的史學家就是以這個挖掘結果證明奴隸制社會的存在，鐵證如山，如果不是存在大批命如草芥的奴隸，哪來的人骨材料，哪來的人骨作坊？

考古學也高度依賴墓葬，這也不會被後來的人隨便亂動。考古被戲稱為「挖死人骨頭」，老實說，考古學家還真的很在意「死人骨頭」。有兩個條件使我們必須在意「死人骨頭」：第一，骨頭最有可能石化，可以存留很久；第二，墓葬的方式必定有其意義。像是十三行遺址中人的墓葬，頭都朝同樣的兩個方向，這絕對不是偶然。

中國的新石器時代開始出現眾多的「二次葬」，用現在的語言叫做「撿骨」。如果是「一次葬」，出土時的骨骸是照著人體形狀排列的。但若是出土的骨骸集中在一起，就表示應該有「二次葬」的行為，也就是下葬後經過一定時間，再將墳墓挖開，把皮膚肌肉徹底腐化後的骨頭重新換個方式、換個地點再埋葬一次。為什麼要這樣麻煩進行二次葬？顯然一定牽涉到對於死亡、死後世界的想像與解釋。

就算只有一次葬，也可以看出一些複雜的意義。死人自己不會動，墓葬的姿勢、位置、方向一定是活人幫他處置的。人死了，身體自然僵直，最簡單、直接的方法應該就是那樣葬下去。但是在考古挖掘的墓葬中，卻常常發現側身葬、屈身葬，甚至還有直立葬。為什麼如此大費周章？我們只能告訴自己：這些負責下葬的活人，一定有他們特別的想法。

從中國新石器時期的考古遺跡看，一般來說，屈身葬的墓葬中發現陪葬品的機率遠高於直身葬。通常有特殊地位的人，會在他死時多做些努力，用比較複雜的下葬方式標示他的特殊性。表達特殊性的另一種手段是陪葬品。墓葬是很重要的考古現場，我們可以藉由下葬的情況去推演其社會和文化意義。為什麼選擇這些東西陪葬？為什麼放在這裡？例如在屈身葬的狀況下，陪葬品經常是放在頭部兩側及膝蓋邊，肚腹位置放陪葬品的就不多了，為什麼如此？思考、解答這種問題，極有意思。

考古一般能挖到的是垃圾堆和墓葬，因此我們應該明白：考古挖掘出土的資料有高度偏差，是有偏見的，絕對不可能構成全面的知識。考古學很大一部分靠機率，靠運氣。

秦始皇陵的兵馬俑大大有名，那是距今兩千兩百年前的東西。在《史記會注考證》[3]中，就搜羅了歷來關於秦始皇陵地點的種種考證。換句話說，兩千多年來，陵寢的地點不是祕密，也沒有真正失傳。歷代其他的許多皇帝陵幾乎都被盜挖，而很多人知其地點的秦始皇陵，居然沒有盜掘或出土記錄。一九七〇年代，陝西農民挖到兵馬俑，開始時還沒有人認為那是秦始皇陵裡的東西。因為第一，初步發現的地方，離舊載驪山秦始皇陵的中心有幾公里遠，誰想像得到秦始皇陵的範圍會延伸這麼遠。第二，挖出來的東西沒有人看過，也沒有人記錄過，兩千多年前的東西可能保留得好好的，從來沒被挖出來過？

但考古就是這麼一回事。秦始皇陵神奇地完整留了下來，供後人挖掘。到現在已經開挖，挖出大批兵馬俑的這塊區域，占整個秦始皇陵不到一半的面積，還有一半仍然埋在地底下。現在不能挖、不敢挖，因為沒有把握挖了之後，與空氣接觸的快速氧化作用會不會摧毀裡面的東西。必須要確知如何處理氧化問題才能開挖，誰也不知道什麼時候會全部挖掘，更沒有人知道最終會挖出什麼東西來。

3　《史記會注考證》（臺北：唐山出版社，二〇〇七年），作者為日本漢學家瀧川龜太郎（1865-1946），此書除了對宋代以前的《史記》各種鈔本殘卷進行校勘外，注解上更廣泛搜羅日本研究成果。

考古學就是這麼一回事。它極其神奇，帶著很大的運氣成分。而且不管再怎麼努力，甚至運氣也夠好，考古能挖掘出來的東西，畢竟還是像一幅總共由三千六百片碎片構成的大拼圖，卻只是東一個、西一個的給了三百六十片，要我們去解答：這拼圖上到底畫了什麼？

這三百六十片碎片，每一片都花很大力氣，還要靠運氣才能弄到，然而它們只是巨大的三千六百片拼圖中的十分之一。此外的十分之九必須依靠想像與解釋，單憑考古材料不可能還原那個大拼圖。所以，要發揮考古的最大作用，既要靠想像力，也要靠文字及其他史料的相應比對。

10 考古和文獻的互為援引

運用文字記錄的史料時一定要記得，並不是寫下來的就是事實，就是可以依賴的史料。我們必須留心文字是在什麼時候、什麼情況下寫的。不同時候、不同情況會產生不同的偏見。沒有不帶偏見的文字記錄。

只有極少數歷史資料是在歷史事件當時記錄的，絕大多數都經過長久的修改與編撰過程。太史公司馬遷寫《史記・殷本紀》時，距離商朝結束已經過了近一千年。我們真的可以如此簡單地接受、相信他對一千年前事情的了解嗎？現在有個人寫了一篇文章，寫一千年前、西元十一世紀時的臺灣，寫得言之鑿鑿，你會相信那都是事實嗎？

況且，文字記載的歷史還有「經典化」的過程。我們今天不會知道，與司馬遷同時期的其他人對於商朝歷史的說法，甚至無法確定是否存在不同的說法。像《舊唐書》、《新唐書》並存了兩個「正史」版本，那是很少見的。可是在律定到剩下兩個版本之前，說不定原來有五個版本啊！後來的人在各種不同說法中，選擇保留其中一個或幾個，代表性的「經典」形成了，同時也意味著有許多其他版本被拋棄、被遺忘了。不能過度相信文字記錄的理由就在這裡。文字記錄經過各式各樣、各個不同時代的編輯和修改，編輯者和修改者都有各自的用意。像中國歷史文獻愈到後來問題愈嚴重，追求同質性（homogeneous）的力量愈來愈大，而異質性的、不一樣的東西就很容易被排除、淘汰掉。

考古資料的一大好處，正在於並不是、也不可能是系統性出土的，所以相對而言不容易被私心控制改造。誰也沒辦法預見和規定哪些資料會被保留、哪些資料會被挖出來。也就是說，考古的偏差與文字的偏差不一樣，遭文字史料偏見抹煞掉的，不會因此就在考古上挖不到、挖不出來。只要考古遺跡中挖出了原來文字記錄上沒有的材料，就提醒了我們，這方面的文字記錄是有問題的。

不過反過來看，也有另一層提醒，那就是考古上沒有出土證據的，不見得就不存在。常見有人質疑文字記載：如果真有此事，為什麼考古資料中都看不到？這在邏輯上是不通的。考古資料有，而文字資料沒有，我們可以證明文字資料是錯的；但是文字有，考古資料沒有，卻不見得文字就是錯的。

假使沒有文字記載，沒有文字記載衍生出的學問——如「古代地理學」或「古代地理考」，我們便無從知道，商代的都城可能在哪裡。缺乏這些基礎知識，考古就真的成了大海撈針。透過文字記載的比對，古代地理學約略指出了亳城（今河南鄭州商城）可能在哪裡，我們才在那附近挖探坑，試探地底或許存留了什麼。這是文字幫助考古的另外一個重要角度。這兩種史料必須要不斷地彼此配合與對照。

我們為什麼要「重讀」中國歷史？一個原因在於：幾十年來中國大陸出土了大批考古資料，改變了傳統對於中國歷史的理解。中國大陸的考古有一定的基礎，然而一九四九年解放之後，先是對蘇聯老大哥一面倒，接著又有「破四舊、立四新」的「文化大革命」，嚴重破壞了古文獻學的根底，許多古文獻學的大師後來都沒有機會好好做研究。這是一件可惜的事。可以說，在考古與文獻的比對結合上，還有很大的空間值得後來的人努力。

一個熟稔古文獻、聰明又細心的史學家，能在文字史料裡挖掘出許多訊息。早在一九五六年，錢穆先生寫過一篇文章，叫做〈中國古代山居考〉。錢穆先生搜羅了古書記載，透過一個字一個字的考索，比對文字及其指涉的原則，做了大膽的推論，認為中國文明的起源不是在過去想像的河流邊。當我們說中國文明起源於黃河邊，這個「河邊」是個什麼樣的「邊」法？

〈中國古代山居考〉中，錢穆先生從後來留下來的文字回推，看出中國古代的居住環境是以穴居為主，而且選擇用來居住的洞穴，距離水邊不會太近，當然也不能太遠。一九五六年的這篇論文，完全從文獻學的角度出發，重新閱讀過去的古文字與古文字學資料，做出詮釋。沒過多久，一九六〇年代後期挖掘出來的新石器時代遺址，部分證明了錢穆先生的主張是正確的。典型的新石器仰韶文化遺址，最普遍的居址是離水沒有很遠、高起來的地方，只是他們的「穴」並不像山西窯洞那樣從壁面鑿洞進去，而是往地下挖半人高左右的深度，房子一半在地下，一半在地上的「半穴居」。

如果大陸的考古學家更早讀到錢穆先生的論文，或許他們對於如何挖掘新石器時代的居住遺址就會有不一樣的假設。考古挖出了資料，讓我們知道古代文字記錄應該如何解釋；而文字記錄上的內容，又可以修正我們對於考古資料可能產生的誤判與誤解。

11 新石器時代才有的「文化」

談論中國歷史的起源，還是要從新石器時代講起比較合適。目前挖掘所得的舊石器遺物和遺址，從大約一百七十萬年前的元謀人開始，到北京人、藍田人等，一路下來到山頂洞人。這些舊石器時代的考古遺跡出現得很零星，只能讓我們知道，在這個地方曾經有這樣的人種存在過，卻無法進一步了解他們是誰、他們做了什麼，因而對於說明中國文明發展恐怕不會有太大幫助。

新石器時代就不一樣了。中國大陸已經挖出的新石器時代文化遺址，數量超過一千個，有很多不同區域、不同時間的材料可供比較研究。更重要的，新石器時代文化除了中國的資料外，還有龐大的世界性分布可拿來參考比對。

經過長年來全世界考古學者的努力，我們有了很多關於新石器時代文化的知識。例如，藉由兩河流域的新石器考古發現，我們了解當古代人類擁有磨製石器的能力時，其製陶技術也會有相應的巨幅成長。比較精細的陶器出現，又幾乎都和定居農業生產密切相關。再者，一旦有了農業，社會組織就跟著改變，不可能用個別家戶的分散方式，或用狩獵分工的方式來從事農業，於是較大型的社會組織也就跟著出現。往往較大型的社會組織擴展到一定的程度，就有了創造和使用文字的強烈動機。

這幾件事在兩河流域及其他多個地區都是連帶發展的，我們稱之為「新石器時代革命」。「新石器時代革命」最常見到的現象，就是日益增長的龐大社會組織。這些較為龐大的社會組織有不同的形式，例如兩河流域的蘇美文化是以城市城邦的形式出現，在埃及則以集中神權的形式出現。無論什麼樣的形式，其共通點是較為複雜的組織：都有農業耕種技術的演進，都有隨著農業生產而來的新的分配方法，也都有初步的文字，以及依賴文字為工具的初步統治形式。

這些現象在很多地方都和新石器工具一併發展，那就相對容易了。在中國挖到一個新石器時代遺址，例如挖到仰韶村，挖到仰韶文化或挖到龍山文化，參考別的文化的例子，我們就可以開始進行一些問題的假設。

真正挖掘出來的可能只有陶器，然而觀察陶器發展的狀況，藉由比較研究可以推測：什麼樣的人會做出如此複雜紋飾的陶器？這些人會以什麼樣的方式組合起來共同生活？他們用什麼樣的方式去堆造能燒出這種陶器的窯？他們又用什麼樣的方式上釉，並維持釉色在高溫中的表現？剛開始找到的是這些物件，然後順著物件提示的問題，找尋組成該社會組織的證據。正因為有這樣的問題意識程序作為支撐，後來考古學家才會挖掘出西安半坡遺址。

西安半坡遺址最早挖到的是東北角的一個居住遺址，大概是六間居所。當時如果沒有這樣的問題意識，沒有社會組織的概念，這個遺址的挖掘很可能就僅止於此。因為對社會組織的關懷與疑問，想要弄明白這六座房子究竟是在什麼樣的組織安排下產生的，於是擴大挖掘，最後挖出了一個將近五萬平方公尺的大聚落。在這個聚落中，不同的房子面向及房子間的分布距離都有特殊的道理。

這就是為什麼要從新石器時代、新石器文化談起，因為新石器時代才有「文化」的內容可談。

12 「滿天星斗」的中國新石器文化

什麼是中國新石器時代？這其實是個時代錯亂的說法。因為新石器時代還沒有「中國」存在，是靠後來的歷史發展，這一整塊地方才變成一個親和、彼此交流的巨大系統，也才有政治與文化意義上的「中國」。嚴格來說，新石器時代早於中國的出現與確立。

我們要明瞭中國如何誕生、如何出現，所以將研究與整理的範圍訂在後來產生中國文化的區域。但要小心的是，不要倒果為因，以為新石器時代就有這麼一塊中國存在。比較適當的態度應該是：我們去調查，看看在新石器文化的這個時間斷面上，這個後來成為「中國」的區域裡，有些什麼樣的人類活動在進行，並試圖整理這些人類活動的特色性質。

「新石器時代」這個名詞，有兩個大部分重疊卻不完全一樣的意義。第一，它指的是這些考古遺址顯示那些人所使用的主要工具是磨製石器。我們挖到這樣的石器，將之歸入新石器時代的類別裡。第二，它指的是一段時間分期（time span）。在中國考古上，一般傾向於將中國新石器時代從距今約八千年前的裴李崗文化算起，大致延續到距今兩千五百年到三千年前左右。可是我們要小心，因為有些挖出大量磨製石器的文化，不一定剛好落在這段時間裡。

臺灣所屬的南方新石器文化——如鳳鼻頭、大坌坑，或是北方草原地區新石器文化，時間遠遠晚於核心區域的新石器時代。別人已經結束新石器時代的時候，這裡的人還繼續在用石器，或者才剛開始使用石器。它們並非同步發展。

這和後面的歷史分期概念不一樣。當我們說「清朝」時，清朝作為一個斷代概念，很確定地知道，那就是從一六四四年到一九一二年。可是當裴李崗文化在距今約八千年前進入新石器時代，同一時期，長江下游卻還未發現任何新石器的蹤跡。而在臺灣，一直到距今約一千五百年前都還有新石器時代的遺跡，所以臺灣的新石器時代比較晚。這是不一樣的時代和斷代概念。

講到夏、商、周，最重要的就是必須扭轉從前的概念，尤其是以朝代概念來理解的夏、商、周。在朝代概念下，夏、商、周是「三代」，是三個前後接續的朝代。然而依照目前找到的考古證據，並對照文字文獻來看，夏、商、周不是三個朝代，而比較接近是三個不同地域的三個民族、三種不同文化。有很長一段時間，夏、商、周其實是並存的，不是這個滅了、那個起來。

中國新石器時代遺址的重要特色之一就是分布非常廣，而且其中有許多劃分清楚的不同型態、不同系統。過去習慣的講法，是仰韶文化早於龍山文化。這個講法不能說有錯，因為在廟底溝[4]的考古遺跡中，明確出現了仰韶文化在底下，龍山文化壓在它上面的分層。在同一區域有仰韶文化、有龍山文化，兩者是時間先後的關係。但不是所有地方都和廟底溝一樣。

4　廟底溝遺址位於中國河南省陝縣的古城南關附近，面積約三十六萬平方公尺，出土文物包括石器、陶器、骨器等。

仰韶文化和龍山文化除了有時間先後差別，還有地域的差別。龍山文化的發展比較靠東邊，仰韶文化則以河南為核心。除此之外，青蓮崗文化、大汶口文化，以及由河姆渡文化發展成的良渚文化與屈家嶺文化，各有其分布地域。為什麼稱它們是不同的文化？因為它們雖然大致在同一個時期發生，而且技術程度差不多，但不同的區域各自表現出強烈的特色。

除了仰韶文化和龍山文化外，到現在為止，其他各個文化在考古學上，還沒有辦法建構其間互動影響變化的明確模式。也就是說，至少依照現在的資料看來，不同區域的這些文化很可能是各自獨立發展的，而不是如過去所想像與主張的：仰韶文化是最早的中心，然後東傳到龍山文化區，西傳到甘肅的馬家窯，南傳到河姆渡和良渚。這幾個文化看起來比較像是在同一時期獨立發展的。早於仰韶文化的紅山文化更是獨立出現的。這就是蘇秉琦先生所提的「滿天星斗說」[5]，即中國新石器時代文化不是從一個中心逐漸散布到外圍其他地方，而是在一段時期中，許多不同地方如滿天星斗般各自發展進入新石器時代，然後產生彼此之間緩慢卻複雜的互動交流。

13 從陶器發現中國文化的開端

中國新石器時代的考古研究有一項很明顯的特色，就是出土的文物中有遠比世界上其他同期新石器時代文化更多的陶器。不只數量多，最重要的是形制多，各式各樣。有鼎、有壺、有豆、有罐、有高柄杯、有盤、有鍾、有釜、有雙耳杯、有盆、有甕，非常多，這在其他地區的新石器文化裡很少見。

為什麼他們要做這麼多不一樣的東西？物品當然有其功能上的考量，但多樣性到一定程度，就很難純粹從功能角度來解釋。而且，如果以古文獻來對照，我們會發現：中國古代文字裡，與器皿有關的字多得嚇人。那就表示器皿一定有文化上的意義。看看故宮的青銅器，每件器皿的名稱有很多字是你不認得的，不同形制的器皿都有一個古代留下來的稱呼。為什麼非得如此精確地命名呢？

我有一位老朋友，他的女兒小時候對馬產生濃厚的興趣，得到了特殊機會接觸馬，還學習

5 可參考蘇秉琦，《中國文明起源新探》（瀋陽：遼寧人民出版社，二〇〇九年）。

了馬術，後來升高中時甚至還靠著馬術加分。從對馬的興趣，這個小女孩好奇地查了字典中以「馬」為部首的字，一查不得了，發現這個部首底下收了好多字。如果查的是《康熙字典》，那數量就更加驚人。另外，這個部首裡的字，絕大部分我們都不認識，現在也都不用了。以部首為單位來比較的話，我們對於「馬」字旁的字，識字率恐怕是最低的。

這位老朋友就是唐諾，在他的重要作品《文字的故事》中，就特別介紹、解說了眾多陌生的「馬」字旁的字。中國人必定曾經和馬非常親近，馬在中國人的生活中必定扮演過極其重要的角色，所以會仔細觀察馬、分類馬，也需要詳細描述馬的形狀、種類、動作、行為和情況，才會發明並運用那麼多與馬有關的字。這些字從發明到運用到被忽略、遺忘，記錄了一段歷史，也留存了一段文明經驗與記憶。

同樣的，中國古代會有那麼多和容器相關的字，今日有大部分都失傳不用了，顯現器皿在那個時代的人類生活中，有著比我們今天要來得密切、重大的意義。這些古字顯然源自新石器時代陶器的形制。大概從新石器時代開始，這個文化就有一些成分在萌芽、發展與躍動。

一是眾多的陶器形制，一是甲骨文、金文，直到後來大小篆裡所留下大量與烹飪有關的字。這會是我們理解中國文化開端的關鍵。

第三講

新石器時代遺址探祕

01 歷史記載解釋不了的事

二十世紀的中國歷史研究面臨一個很大的挑戰：流傳下來關於中國歷史的種種記載與說法，與我們看到的其他文明的狀況有相當大的差距。

其中一項落差是中國的傳統文獻，無法有效、具說服力地解釋這個文明及其國家組織到底是怎麼來的。尤其是小屯殷墟挖掘的結果，顯示商朝的國家組織已經很發達。

這從青銅器就可見一斑：重建夏、商、周的活動區域，標出挖掘出土青銅器的幾個考古遺址，再檢查製造青銅器的三種原料，包括銅、錫和產生高熱的燃料，就會發現原料產地和成品出土處之間有頗遠的距離。換句話說，必須有足夠的人力組織方式，不只去挖掘、開採，還要將相當龐大且沉重的原料運過來，然後架設作坊，並控制精巧複雜的塑造冶煉程序，才能製造出存留至今的青銅器。在商朝（至少在出現青銅器之前），顯然集體組織已經發展到一定的程度。

這種組織是怎麼來的？中國有一套傳統說法，但這套說法沒有說服力。傳統說法沒有解釋組織發展的過程，是如何從粗糙、原始慢慢變得複雜、精巧；也沒有告訴我們，究竟是因為怎樣的需求，讓這麼多人出於自願或被迫而組成一個國家。

傳統說法對此的解釋是，因為有聖王，有天縱英明的黃帝，他一個人就治理了整個國家。我們很難再接受這樣的說法。正因為中國的傳統沒有一個到現在還具說服力的說法，所以我們會從比較文明的角度，參考其他文明的例證來尋找答案。和商朝的時間約略相當又能相比的，一是美索不達米亞，一是埃及。這是兩個重要的古老文明發源地。

然而，拿美索不達米亞平原的發展和中國相比，我們會馬上察覺到不對勁的地方。

美索不達米亞平原較大型的社會組織，以城邦和城市的形式出現。因為彼此之間的征戰，為了防衛而形成城市。可是當城市將人民保護好了之後，就發展出別的需求，即城市和城市之間交易的需求。美索不達米亞平原所出現最早的文字稱為「楔形文字」，楔形文字的根源是計數。

由底格里斯河和幼發拉底河聯合沖刷出來的這片平原，又稱為「兩河流域」，其文明遺物中很常見且重要的一項，就是泥印。在西方的大博物館中都看得到這樣文物，小小的圓柱狀，用泥做成，上面刻有花紋或圖案，然後經過曬乾或燒硬，讓上面的刻文固定。當人們彼此交易，要確認彼此同意的條件時，就會用到這種泥印。他們會取過一塊泥版，將交易內容用楔形文字寫在上面，然後再封版，封版上用泥章滾過去，章上的圖案便印在上面，如此就沒有人能擅自偷偷改動文字記錄了，也就保障了泥版文件的信用。

美索不達米亞平原文明的發展，與商業行為、數字、契約等有著密切的關係。中國並沒有這樣發達的商業行為與商業需求，以美索不達米亞平原來套用中國，是行不通的。

02 水利灌溉讓國家得以形成？

那麼中國會不會比較類似埃及呢？埃及文明最顯著的就是金字塔等大型工程。要興築這樣的大型工程，使得集體組織大幅發展，而大型工程的震懾作用，又反過來強化了集體組織中上層統治者的權力，讓他們得以更容易、更有效地動員更多人力，興建更多、更大、更震懾人心的大工程。

關於比較文明，尤其是文明起源的比較論，曾經一度流行美國歷史學家魏復古（Karl A. Wittfigol, 1896-1990）所提出的「水利國家說」。他認為中國的文明及國家起源，應該和灌溉密切相關。為了進行大型的灌溉工程，人們願意讓渡部分權力，因為灌溉直接影響農作生產，有具體且現實的動機，而且灌溉水利工程沒辦法零星地興建，必須藉由集體的努力。魏復古很敏銳地指出，到西元一千年後，中國擁有全世界最龐大、最驚人的灌溉系統。中國農業和水利灌溉工程關係密切，中國的農作物幾乎都仰賴灌溉。魏復古將這個現象往前推，再對照埃及的例子，既然埃及整個國家組織環繞著興建金字塔而形成，那麼中國的國家組織很有可能就是環繞著大型、集體水利工程產生的。這就是他的「水利國家說」，一度吸引、說服了不少人，認為可以從這個角度去探測中國到底是怎麼來的。

然而，這裡面有些問題仔細探討後，使得「水利國家說」喪失了表面上看來的說服力。一九五五年，錢穆先生就特別針對「水利國家說」寫了一篇重要的文章，叫做〈中國古代北方農作物考〉[6]，雖然這篇論文完全沒提到魏復古，也沒有一字講到「水利國家說」。

錢穆先生將中國古史材料中與農作物有關的記載做了一次完整且全面的檢驗，得出一些基本結論。他整理後發現，中國古代最重要的農作物，依次是稷、黍、稻、粱。稷是高粱的前身，黍是玉米的前身，稻是旱稻，粱是小米。後來何炳棣先生在《黃土與中國農業的起源》一書中也做過更詳細、更準確的檢驗，他掌握了孢子分析的技術，可以分析從古老的地層裡挖出來的各種孢子化石，藉以研究出古代植物的物種分布。基本上，何炳棣先生的結論與錢穆先生在一九五五年的結論是一致的。

考據中國古代的主要農作物之後，錢穆先生做了兩項重要結論。第一，中國古代的農作物與灌溉無關，而是以錢穆先生稱之為「山耕」的形式進行的。稷、黍、稻、粱都是在相對乾旱的地方可以生長的作物。第二，他認為，文獻裡明確表現出來這四種東西珍貴的程度。稻和粱都是非常珍貴的東西，到了戰國時代，都還說人追求富貴是「為稻粱謀」，顯現了稻和粱的價值。這個

6 〈中國古代北方農作物考〉和前面提過的〈中國古代山居考〉，皆收錄在錢穆所著《中國學術思想史論叢》（臺北：東大圖書，一九九〇年）第一冊中。《中國學術思想史論叢》共三編八冊，彙集錢穆先生六十年來討論中國歷代學術思想而未收入各專著的單篇散論。

順序也就反映了食物與水之間的關係：愈不需要水的食物愈粗，愈缺乏價值。如果水利灌溉工程很早就很發達，還會是這樣排序嗎？倘若需要用到比較多水的稻和粱被認為是比較好吃的，那麼在灌溉工程發達的情況下，大家應該都去生產稻和粱了，為何還種黍和稷？

錢穆先生這篇文章牽涉到他在中國經濟史上的一項突破性看法。錢穆經常被說成是「保守派的民族史學家」，然而在面對歷史或面對中國古書時，他一點都不保守，絕不死守傳統說法。早在一九三〇年代寫《先秦諸子繫年》，他就對古史裡的「開阡陌」有了與傳統相反的解讀。

「阡陌」指的是路，即橫的路和直的路，那麼「開阡陌」是什麼意思？應該就是開出路來，在田裡開出田埂。傳統上都是這樣解釋的，原來的一大塊田沒有田埂，沒有阡、陌分界，到了春秋晚期，由「公田」變成「私田」，「溥天之下，莫非王土」（語出《詩經．小雅．北山》）的封建信念動搖了，因而在田裡開出田埂來作為分界。

然而，錢穆對「開」字進行了古文字學的細密考證，加上對封建制度的全面理解，他主張「開阡陌」的真意和傳統的解法剛好相反，應該是「除掉阡陌」，把阡陌，即田間分隔的地界與道路剷平。用這個方式來理解「開阡陌」，突然間，中國經濟史上很多概念茅塞頓開。春秋戰國時期最重要的歷史發展，是封建制度與井田制度的崩壞。原本依照封建制度，土地是明確地分成一塊一塊，地界清楚隔開的，但到了春秋戰國之交，地界區隔「阡陌」開始被取消了。為什麼要取消？一則因為失去了原本封建地界分隔的需要，二則更重要的是為了灌溉。

錢穆先生寫〈中國古代北方農作物考〉，就是為了將這個古代農業經濟過程講得更明白：中國的大型灌溉工程是春秋末到戰國初才開始的，而這個大型灌溉工程的興起，是以封建制度和井田制度的崩壞為其前提，從此中國農業經濟進入一個完全不同的新階段。

這就推翻了「水利國家說」的根本基礎。中國不可能是因為灌溉水利而組成國家、建立大型統治組織的。在春秋末、戰國初之前幾百年，中國的國家組織就已經成立並積極運作了，留下許多不可否認的證據。顯然，套用埃及依賴大型工程建立國家組織的模式來解釋中國古史，也是行不通的。

03 新石器時代的居所和作物

寫完〈中國古代北方農作物考〉之後，錢穆先生在一九五六年又發表了〈中國古代山居考〉來強化「山耕」的主張。這篇長論文主要考證的是古文獻中的「穴」，以及和「穴」相關的字。古文字裡大部分與居住有關的字都源自「穴」字，是相關而且同樣的來源。錢穆先生明確主張，從古文字學回溯，中國古代人的居住形式是「穴居」和「山居」。在不太高且離水源近的地方挖洞穴而居，是留在文字記憶中的古代居住環境。因而早期農作，也就是以這種環境能夠生產的作物為主，這類作物也就不可能需要大量的灌溉。

錢穆先生是完全從古文字學的考證得到這樣的結論。他當時無法運用到考古學上的發掘證據。幾十年來新石器時代的考古發現，基本上和錢穆先生的推論一致，但也在一些重要的地方有所補充與修正。

從目前發掘的考古證據來看，在西元前七千年，幾個地方已經有人居住的痕跡。到了西元前五千年，陸續形成幾個重要的中心。從遺址出土的文物與建築形式來看，這幾個中心的文化有很清楚的差異。比較明確的幾個文化圈，一個是仰韶文化圈，另一個是大汶口文化圈，它開始的時間和仰韶文化圈差不多。大汶口就是後來龍山文化的基礎。另外，在南邊有大溪文化圈、馬家濱文化圈。此外，比較沒那麼明確的，在東北邊有紅山文化圈，東南邊有大坌坑文化圈。

依照目前的考古資料，考古學家相信，這幾個不同的文化中心在差不多同一時期發展出各自的特色文化。然後到了距今五、六千年前，開始有了彼此之間的交流。他們的交流以極其緩慢的速度進行，我們今天開高速公路一小時能到的距離，當時的人基於不同的偶然動機，透過不同的移動方式，可能要花費二十年乃至五十年才能走完。

仰韶文化圈後來發展為最早的一個文明中心，這裡應該也是文字首先出現的地方。剛開始的時候有這麼多個不同的文化圈，不過後來擁有文字的文明就取得了優勢，尤其是在歷史記憶與傳承上的優勢。當人們有辦法用文字來述說古代歷史時，中國文明的起源很自然就偏向以黃土區域為核心，其他沒有發明或習用文字的區域相對地被遺忘了。一直到幾千年後的考古挖掘，才讓我們重新意識到它們的存在。

錢穆先生的〈中國古代北方農作物考〉考證出中國古代的四種重要作物，依次是稷、黍、稻、粱。透過考古資料，我們現在可以進一步理解，四種作物的排序其實反映了一種「北方中心」的立場。從考古上我們看到，馬家濱文化、河姆渡文化這些南方的新石器遺址出土了旱稻種植的明確證據，旱稻在南方發展得很早也很普遍，然而對北方仰韶文化圈的人來說，旱稻是外來的，所以比較珍貴難得。如此我們就明白了，中國「北麥南稻」的傾向，大概早在五、六千年前就已經形成。

對於錢穆先生所說的「古代山居」，考古資料對此也有重要補充。在關中仰韶文化區，居址多半離河很近，而且比河高一些，一方面為了取水方便，一方面應該是安全上的考量。西安半坡等新石器遺址，都是在臨河較高處發現的，而且這河不是大河也不是黃河。仰韶文化在黃河流域出現，但不見得和黃河本身有關。過去會認為中國文化起源於黃河，一部分還是認定早期農業需要灌溉，理所當然認定在黃河邊，能借黃河河水灌溉，是中國農業起源的必要條件。

不過，除了仰韶文化區的居住選擇之外，還有長江流域湖熟地區的「台型遺址」。這個區域的雨量比較豐沛，取水方便，這裡的人就稍稍遠離水邊，在高起來的台地上居住。與北方最大的差異是，這裡不會有山居，也比較早就有地上建築物，並不依賴穴居。

04 新石器時代的房舍型態和生活方式

中國新石器時代的考古成就，很幸運地挖到了一些居住遺址。磁山文化與裴李崗文化是比較早也相對簡單的文化。這個居住遺址最重要的發現是「紅燒土」。有一塊地方土質特別硬，證明當時已經有固定用火的地方，因為長年在那個地方用火，就把底下的地面燒硬了。

日照東海峪遺址的房址，面積就更大了。有清楚的柱洞，圍繞著一個「灶址」，就是燒灶固定用火的地方，旁邊還遺留有陶罐。這裡出土了好幾個房舍遺址。

最具有歷史說明力的是西安半坡的居住遺址。這裡出土的每一個房舍遺址都有柱洞，柱洞的作用當然是立柱子支撐屋頂。另外，房舍內

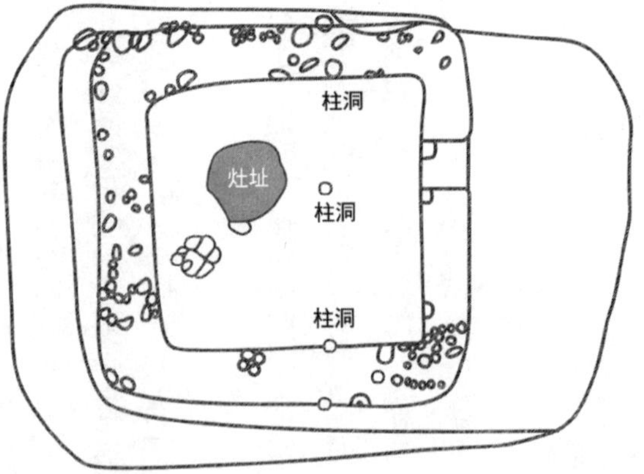

東海峪遺址房址圖

部地面都是下凹的，所以他們進屋是往下走的。半坡遺址F1大房址是整個遺址中最大的一座房子，有四個大柱洞，旁邊還有小柱洞。經過考古學家重建，他們的大概居住樣態不是錢穆先生所說的那種山洞穴居，而是「半地下居」。半地下居遠比穴居少受到大自然條件限制。這種穴居形式使得當時的人必須選擇比較高的地方挖房子、蓋房子，在太低的地方，尤其是比較潮溼的地區，一挖下去，泥水就冒上來。要有一定的高度，才能完成這樣的房舍建築。

這裡我們碰觸到了考古最迷人的地方：如何運用推論與想像，擴充對於眼前考古事實的理解？從西安半坡挖出並重建的這種房舍樣貌，我們能進一步對那個時代的生活有什麼樣的理解或猜測？

透過這樣的房舍遺址，我們能夠合理推測當時已經發展了農業。在發展農業之前，人類最重要的食物來源不外乎漁獵與採集。不論是漁獵或採集，需要很廣大的領域才能養活一個人，更別說養活一家人了。採集文化能採集到營養最豐富的食物是核桃這類的堅果，核桃樹的生長有一定的條件，今天把這片地方的核桃採完了，不可能明天又長出新的核桃來，所以每一個人要活著，就必須有相當大的空間。於是，採集與漁獵的生活無法發展出定居的文化，也不太可能花那麼大的工夫去蓋這樣的房子。可以想見，在有限的工具條件下，要挖一個半穴居，砍木頭、立柱子、做屋頂，有多麼不容易。沒有道理花那麼大力氣，卻使得自己來往於採集與漁獵地區反而更加受限、更加遙遠。

為什麼農業可以支撐這種生活？農業就是穀物生產的重大突破，人從原來靠採集所得到的營養，轉變成主要以穀類作為熱量的來源。穀類最關鍵的特色是一年生，也就是說，在同一塊土地上今年種了，明年和後年還可以繼續種。

人類要發展農業文化、要依賴穀類維生，這中間又有一項必要前提。在沒有充分掌握火的作用之前，大部分的穀類作物都不可食。靠著用火將穀物加水煮軟蒸熟，人才有辦法吃穀物過活。從這裡我們可以進一步推論：有農業，必定要住在水邊，還必定要有火，所以必定要有某種形式的灶。

有火有水，但若缺了可以裝水受熱的容器，農業生活還是不能成立。在人類文明起源中，這是一項可能花了幾千年時間才出現的艱困突破，那就是陶器的發明。目前全世界考古遺址中，最早的陶器痕跡大約出現在距今一萬年前。花了非常久的時間，才在全世界多個文明的起源地陸續出現陶器。有了陶器，農業的條件才算真正成熟。

05 新石器時代的村落和陶器形制

姜寨遺址大約距今六千五百年前。它是一整個居住村落，全部挖掘出土，所以不只可以了解個別居住形式，還能告訴我們那個時代的社會組織與社會生活原型。

村落裡有不少房子，房子有大有小，坐落在不同的方向。房屋群的外圍有一道壕溝，這是為了防止野獸侵襲而設。壕溝可以防大部分的動物，卻防不了一種特別的動物——人，要防人就得築城牆。所以一旦發現城牆取代了壕溝圍在村落外，通常就表示住民感受的主要威脅已從野獸變成其他人類。

新石器時代的工具相當有限。當時的工具以石器為主，要用原始的石器工具造出像姜寨那樣供人們長期定居的村落，必然要花很長的時間。姜寨的集體村落之所以存在，多戶人家要住在一起，很有可能是因為要挖壕溝。用那麼原始的工具，如果是個別人家，絕對無法獨力去挖防衛壕溝，唯有聚攏起來，才可以讓所有人都免於野獸的襲擊。

姜寨遺址復原圖（圖片來源：Prof. Gary Lee Todd）

另外，在許多村落型的居住遺址都發現了可能比壕溝更重要的東西，那就是火窯。火窯是用來燒製陶器的，但陶器沒那麼容易燒得出來。火窯有火膛，有火道，將要燒的東西放在裡面。距今大約五千年前的考古遺址出土的火窯，和現在苗栗還在用的火窯，基本構造上沒有太大的改變。火窯中間是可以產生高溫的地方，然後要有一個讓高溫通過的路徑，藉高溫將泥土原料做成的東西改造為不透水的陶器。

我們有愈來愈多理由相信，形成中國古代村落的另一個理由來自於陶器製作的專業化。挖一個壕溝很難，同樣地，蓋一個火窯，懂得怎樣做火窯，讓製造陶器的程序變得固定且有把握，也很不容易。擁有構築火窯能力的人，往往能吸引其他人靠過來，這或許是中國最早的小中型村落出現的另一項原因。最明顯的證據就在各個遺址中出現陶器的演變，還有陶器在當時人的生活中可能扮演的角色。

廟底溝遺址出土的陶器相對簡單，我們很容易想像它們的功能。廟底溝陶器的重要性在於出現平底的器型。之前的陶器，一來模仿大自然可以盛水的物體，如瓢瓜等，二來有技術的限制，所以幾乎都是圓底，顯然是將陶器吊起來，從下面生火。這種形制的缺點是站不住，所以人們漸漸突破技術限制，產生了製作平底容器的動機。

除此之外，陶器的一項重大轉變與技術突破是三足器。中空器皿下方做了三隻腳，可以騰空站立，讓火從三足器底下燒，就省了吊器皿的麻煩。早期出現的三足器都不大，因為很不好燒，牽涉到如何讓三隻腳和中空的主體黏合，稍微大一點就更難。另一個重要進展是出現了容器把手。不過在廟底溝時期，三足器還不多，有把手的容器也很少。

沒過多久，各個文化的製陶技術有很大的改善成長。特別值得注意的是大汶口文化，因為我們現在有充分理由相信，大汶口與良渚這兩種文化是商朝重要的前身；相對地，仰韶文化——尤其是河南仰韶文化——可能是夏朝與夏人文化的前身。和屬於仰韶文化圈的廟底溝二期相比，大汶口文化的陶器就花俏多了。大汶口有更多不同形制的陶器，值得注意的是：第一，陶器的模樣愈來愈特別；第二，以今日的陶工與燒窯技術回推，這些陶器燒製的難度愈來愈高；第三，也是最重要的，在大汶口開始出現一些不太能純粹從功能角度理解的陶器形制。

愈來愈多無法在功能與燒製方式上找出道理的陶器，引發我們不得不假想：這些陶器對當時的人來說，應該有作為器皿之外的重要意義。

陶器的出現與存在，原本基於其耐高溫與不漏水的功能性，促成了農業的快速發展，讓穀類作物成為人類最重

大汶口文化陶器圖

要的熱量來源。可是至少在大汶口文化時期，陶器扮演的角色好像已經不只如此。有一些陶器很不好燒，看起來也不好用，但他們為什麼要花這些工夫去做？除非是在好燒和好用之外，這樣的東西還能帶給當時的人不同的滿足。

06 陶器有了超越功能的意義

這其實不難理解。我們可以推想，在那個時代，陶器是人與大自然分界，屬於人的生活裡最明顯、最獨特的擁有物。若要在由大自然生產、提供的東西之外，擁有一種不同的且不是每個人都能從大自然取擷的東西，陶器絕對是第一個選擇。當然，他們生活中還有工具，不過在人類已經可以做出奇特多樣的陶器時，工具卻還處於相對原始的階段，所以和工具比較，陶器會是更適合的原始「財產」形式。

馬克思主義的歷史觀主張：生產工具的改變造成生產力的改變，是歷史演變的根本原因。然而看中國歷史，從距今大約六千年前的新石器時代中期開始，延續到距今大約三千五百年前，這幾個區域在兩千多年的時間內所使用的生產工具並沒有重大變化，一直維持著以打磨石器作為最主要的生產工具。可是，各個不同區域在這兩千多年間造就出來的文明何其不同！因此，不能單純從生產工具的改變去理解文明的變化，尤其不能用來理解中國文明的變化。

愈往東南走，陶器文化的發展就愈驚人。很多陶器形制顯然是要分開先做好幾個部分，然後再將各部分拼起來，放進窯裡燒成一個完整器物。這多麼耗費心力，多麼耗費時間，更不用說過程中一定會遭遇無數失敗，做出來的陶器卻沒有增加什麼特殊功能。因此，我們無法忽視的事實是，陶器在此脫離了生活上簡單的必需品地位，也不再是穀類作物儲存、烹煮的附隨品。

往西北走，則有發展路線不一樣的甘肅馬家窯文化。馬家窯文化在陶器形制上並不突出，但是陶器表面卻有豐富的紋飾。花紋這麼華麗，變化那麼多，又是為了什麼？

在馬家窯文化的遺址中，將同一個坑的陶器都放在一起，我們馬上會注意到：陶器的形體幾乎一樣，在形制上沒什麼創意，然而，幾乎每個陶器表面燒繪的花紋都不同。紋樣完全不影響功能，所以費工畫出來的花紋也不是為了好用。而且這些陶器是在墓葬中發現的。在這種情境下，我們怎麼還能天真地只把陶器當作器皿，只是好用的東西？它們必然還有其他意義。

馬家窯文化陶器圖

今天在博物館裡看到的彩陶展覽，最漂亮、最常被展出的就是從馬家窯遺址出土的陶器。它們又大又漂亮，還有紋飾，但也就是這些現象使我們懷疑：這些陶罐真的是原本生活中使用的嗎？它們因為擺放在墓葬裡而保持完整，而且從出土的狀況看來，不像是有生活中使用過的痕跡。或許，這些陶罐就是為了放入墓葬中而特別燒製的？

考古最迷人的地方正在於會有類似這樣的情況，逼得你不能不想，不能不有解釋。我們發現，或者可以說我們也被迫去理解，至少到了大汶口文化、馬家窯文化，以及其後新石器時代的中後期，製造、運用這些陶器的「有思想」的人，他們的生活裡應該已經有了超越於功能以外的考量。

07 墓葬在述說什麼故事？

新石器時代出土的許多墓葬，讓我們更進一步相信這些人必定有相當程度的意義思考，要不然不會有這些特殊現象。

華陰橫陣遺址屬於新石器時代中期，其中M1號有五個坑，每個坑裡都埋了不只一人。有的有陪葬品，有的沒有；有的遺骸是一次葬，死了就被埋在這裡；還有一些屍骨是二次葬，先葬過，後來才移過來。所有的華陰橫陣墓葬豎坑都是南北走向，而所有的遺體都是東西走向，所有的頭都朝向同一邊。這不會是偶然，這群人一定在想什麼事情，一定有自己的道理判斷：人要下葬，就必須如此，才是正確的方式。

西安半坡墓葬的方位和華陰橫陣相反，頭朝西邊，不過方位都很正，正東或正西。中國文化面向正方位的習慣，可以追溯到新石器時代。

大汶口有不同的墓葬。一個是直身葬，陪葬品放在遺骸旁邊。另一個卻在外面多做了更大一片夯土層，將陪葬品擺放在夯土層上。這兩個墓葬的比較很容易理解，後者一定是在這個社會裡特別重要的人，所以利用不同層的墓葬範圍和不同的陪葬品來彰顯地位。但我們真的很想知道，哪些器物放上面，哪些器物放裡面，其中有什麼區別、什麼意義？

馬家窯遺址有個出土墓葬擺滿了陶器。有人認為，這象徵了當時的製陶者擁有很大的權力，或許，那是一位製陶者的墓葬。出土的陪葬品看起來都沒有使用過，也許是特別燒來擺入墓中的「明器」[7]。一種猜測是死者應該和製陶有密切關係，一位製陶者為自己或父親，或是徒弟為師傅燒了一整套冥器，將他可以燒出的各式各樣陶器都做了，所以同樣的陶罐有多種不同的花紋，

7 明器是古代人用來陪葬的器物，參《禮記・檀弓下》：「其曰明器，神明之也。」

簡直像是一套燒陶的型錄，像是在展示：「嗯，我們家燒的陶器通通在這裡了，你們大家可以趁機看一下。」

那是一位重要的製陶者向他所處的世界、所處的社會所做的權力宣言。我們可以繼續努力去挖掘、去猜想。考古有一個好處，因為考古能擁有的出土資料太有限了，所以考古的史學方法通常比文獻的史學方法來得寬鬆。意思是說，反正資料都那麼少了，只要沒有明確牴觸現有的考古資料，都可以提出你的假想。這是考古另一個很迷人的地方，我們可以一起思考，它可能是怎麼一回事。

顯然在這個時候，有些信仰觀念已經在萌芽。考古工作一定要和「死人骨頭」打交道，一定要挖掘許多墓葬。但即便挖過許多死人，有些墓葬出土時，還是會讓挖掘者覺得心裡發毛。因為你清楚感覺到那不是一般的埋葬，那裡面有幾千年前的人的思考與想像浮動著，穿越幾千年時空要對我們說些什麼。

即使是考古學家看到像大溪文化出土的屈身葬，還是難免心底發毛。屈身葬已經很困難了，大溪文化的墓葬還用一種更困難、更戲劇性的姿態來下葬，讓人總覺得這後面應該是有故事的。

08 陶器上的抽象紋飾和具象描繪

西安半坡出土了為數甚多的陶器，這些陶器的花紋與馬家窯的花紋不一樣。早期馬家窯的陶器紋飾是由繩紋、網紋一路發展，以整齊的幾何圖形為主。西安半坡出土的陶器，上面的紋飾卻是他們對於世界的觀察（魚、羊等動物）。所以陶器的存在對當時的人很重要，而且愈來愈重要。除了讓穀物和作物更方便食用之外，陶器還成為人去想像外在世界，進而表達他和周遭社會之間的關係，以及他和這個世界的關係的一個重要媒介。

相較於其他文化，中國陶器的發明及發展不算特別早。目前陶器最早出土的證據在俄羅斯。然而，以出土的考古遺址來看，中國這塊地區從大約四、五千年前就呈現了一種強烈傾向，那就是陶器具備高度的社會意義。這是在許多其他文明中不曾看到的。陶器的社會意義愈來愈重要，這和中國國家的起源、中國最早的統治方式有著幽微卻密切的關係。與其他地區的古文明相較，在人類的群體生活中，陶器——不管是在仰韶、大汶口或良渚——早早就開始扮演了意義承載與意義表達

西安半坡陶器圖

馬家窯文化陶罐碗圖

工具的重要角色。

在中國新石器考古上有一只極為有名的陶碗，上面畫了一個像是人在X光片上的樣子。為什麼要在碗裡畫東西，而且畫的是人的骷骨？我們無法從功能面解釋，不過和前面所說的墓葬現象一樣，這只碗告訴我們：當時的人對於死亡與死後世界應該有他們特殊的想像。沒有死後世界的特殊想像，不太可能願意或需要花力氣做二次葬。有不少挖掘出土的豎坑葬，很多骸骨排列葬下來，有些大陸的學者解釋那是家庭或家族墳坑。到今天，我們也都有家族大墓，一個人死了，先葬在自己的墳裡，隔一段時間後要「撿骨」，將剩下的骨頭收起來，擺放在金斗甕（骨灰罈）中，再放入家族集體的祖墳裡。或許新石器時代的豎坑葬就是類似的做法。顯然，那時候的人開始想像死去的人彼此之間，以及死人和活人之間的關係了。

馬家窯陶器上的紋飾在表達什麼？光憑直覺，我們就感受到這時已經躍動著一種具象化的傾向，這已經是造型藝術的開端。陶罐上畫了一個人，這個人形的意義或許和原始陽具崇拜有關，也可能代表某種生殖神。這幾個陶器都一樣，抽象的紋飾和具象的描繪並存，進一步具象的造型幾乎要取代原來的陶罐形制了。我們完全可以想像，再進一步應該就會出現關於動物或人的純造型呈現。

最初燒陶土是為了製造器具，隨後人類發現，陶土還有更多用處。既可以在陶土上畫圖，還可以用陶土做具象造型；可以將陶土捏成眼睛裡看到的東西，也可以試著去畫那些具體的東西。看到一樣東西，想要把它畫下來，這正是文明發源的一種衝動。

奇特的是，在中國新石器時代，我們看到這種衝動已然萌芽，但後來遲遲沒有進一步的發展。和同時期其他的新石器文明比較，中國新石器時代文明能找到的具象造型藝術極為稀少。陶罐上面明明已經刻出一個人，如果其用意是藉此呈現外在世界，表達與這個世界的關係，那麼下一步應該就是把陶罐丟掉，用陶土型塑一個人的模樣。但我們現在從考古資料上看到的最強悍趨勢，反而是那個陶罐，它的基本造型一直留下來。西安半坡已經有這麼多具象的圖形和圖案，然而這類具象的圖畫，到了後來從陶器演進到青銅器，都找不到進一步發展的證據。

依照現有新石器時代的考古資料，我們看出一個重要焦點。中國農業的起源過程中，每一種不同文化（仰韶文化、大汶口文化、河姆渡文化）的成立都和農業有關，也都和陶器有關。然而如果說這幾種不同文化在彼此緩慢的互動中產生了什麼樣的共通性，且在新石器時代晚期逐漸形成的話，那麼至少有一項會是：對於器皿形制以及抽象紋飾的重視與堅持。大部分的墓葬陪葬品都是陶器，用工具陪葬相對少得多。此外，造型藝術在古代中國也沒有太大的發展。從新石器時代的器物一路到後來的青銅器，原來陶器所延續下來的這一個脈絡，在之後的中國文明中占有非常重要的地位。

09 器皿：中國文明的重要角色

在陶器之後出現的青銅器，絕對不只是生活器具而已。陶器剛開始製造，或許還能夠以個人或家戶為單位，用簡單的方式燒製。然而發展到一定的階段，像馬家窯出土的陶器，所需的火窯條件就太複雜了，非得要有專業化、集體化的發展規模才行。到了青銅器製造階段，那就更不得了。燒製陶器一般至少需要六百度，換作是銅器，就得燒到一千度。這當然不是一般隨手撿來乾燥後的木材所能燒出的溫度，其中牽涉到特殊的燃料，更牽涉到萃取原料的特殊方式，畢竟銅不是從地上撿了就有，混合青銅所需的錫也不是。製作愈困難，耗費的力氣就愈大，顯然也就需要愈強烈的動機和理由。

「中國青銅時代」其實是一個奇怪的說法，尤其對於依循馬克思唯物史觀的中國大陸史學家來說。中國出現青銅的明確證據在西元前三千兩百年左右，那應該算是青銅時代的開端。不過，青銅時代前面的新石器時代、後面的鐵器時代，其定義（尤其在左派馬克思史學中的定義）就是以石器或鐵器為主要的生產工具。如果採用這個嚴格定義，那就無從安頓「中國青銅時代」了。我們幾乎找不到任何中國放棄了石器工具而改用青銅工具生產的證據。

這要回到《左傳》上記載的：「國之大事，在祀與戎。」目前傳留下來或挖掘出土的青銅器基本上就是兩種東西，一是禮器，一是武器，青銅農具極其稀少。如果以生產工具的角度來看，中國其實是從新石器時代直接進入鐵器時代。一直到商朝小屯殷墟創製出如此輝煌青銅器皿的時期，農業生產都還是使用石器。到了西周，陸續出現了鐵製工具，中間根本沒有生產工具上的青銅時代。

既然沒有生產上的用途，為什麼會有青銅？為什麼用如此難煅造的青銅去做沒有實際用途的東西？一般所熟知的代表性青銅器，如毛公鼎、散氏盤，是為了要拿來烹煮盛菜嗎？當然不是，它們不是實用的器具。

青銅器的發展及其源流，必須追溯到新石器時代的陶器。那不是到了商朝，在商人文化中突然產生的現象，而是早在新石器時代就已經看出端倪的。最早的中國人，例如大汶口、仰韶、良渚、河姆渡等幾個文化區的人，不知是獨立發展或來自彼此影響，開始出現的明確共通性，就在於視陶器為重要的意義承載工具，不只是生活上的有用容器而已。早在新石器時代，陶器承載的意義就逐漸超過生活上所提供的便利。

另外，良渚文化出土的精巧玉器，更是沒有實用性的物品。然而良渚的玉器和陶器，都有豐富、漂亮的紋飾。類似的紋飾風格，我們會在商代的青銅器上看到，是很熟練的線條，帶有高度抽象性，而不是具象造型。

我們沒辦法僅僅藉由考古就明白界定什麼是「中國」、什麼是「中國人」、什麼是「中國文化」。然而有幾條線索清楚浮顯出來，可供我們追蹤。

第一，我們大致明瞭，從距今七、八千年前左右，在現今稱為中國的地理疆域裡，哪些地方曾經有人居住，他們大概用什麼樣的方式發展生產（大部分都是農業），又相應發展出什麼樣的生活方式。

第二，我們知道，後來商朝顯現出的高度文明成就，是在七、八千年前以降新石器文化基礎上慢慢累積起來的。這中間並沒有外來因素的影響，從前安特生提出的「西來說」[8]，認為要到中亞去找中國文化源頭的說法，現在已經完全站不住腳。從考古來看，沒有任何這方面的證據。

相反地，我們現在有充分理由相信，這些「滿天星斗」般散落分布的新石器時代文化，就是後來夏文明與商文明的主要構成元素。至少在一件事上，它們的確是一脈相承的，那就是對容器的執迷（只要看到容器就喜歡得不得了）。

本來的工具轉變成在文化生活、文化意義上的重要角色，這是其他同階段文明中看不到的現象。你到故宮博物院看看，只要是六朝之前，你看到的重要展品幾乎都是器皿。相對地，近東和古希臘的文化中，容器絕對沒有這種重要性。不是說他們沒有很漂亮的器皿，古希臘所留下來的甕很美，就像濟慈特別寫詩 *Ode on a Grecian Urn* 來歌詠般，可是它們和中國古代器皿所扮演的角色卻大異其趣。

至少在現階段，要理解中國是一個什麼樣的文明，要理解中國國家的起源，我們非得研究器皿不可。

8 瑞典地質學家安特生於一九二一年發掘仰韶村遺址，首次提出仰韶文化的概念。一九二三年發表《中國遠古之文化》（*An Early Chinese Culture*），認為在新石器時代晚期，以彩陶和尖底瓶為代表的西方文化進入華北，成為中國文化的一部分。這就是著名的「中國文化西來說」。

第四講

夏、商、周的崛起之路

01 夏、商、周是前後接續的王朝？

從出土的考古資料來看，到新石器時代中期之後，大概有幾個不同的文化區域。大汶口文化連接龍山文化，構成了山東龍山文化。另外有上接仰韶文化的河南龍山文化，更西邊有陝西龍山文化，延伸出去就是甘肅的馬家窯文化。南邊早期有河姆渡文化，然後河姆渡慢慢擴展成一個更大的長江流域文化，一般稱為湖熟文化。

這些新石器時代文化區域的形成，首先衝擊了我們過去對夏、商、周的理解。以往對夏、商、周的理解很簡單、很直接，就是夏朝滅亡之後是商朝，商朝滅亡之後是周朝，這是用後來的朝代概念回頭想像夏、商、周，不自覺地假定夏、商、周就像宋、元、明、清，是一個接一個政權的更替，是前後相續的政權名稱。然而，若是運用與傳統記載上夏、商、周同時期或稍早的考古結果，有些事顯然不太對勁。

一個重要的證據是殷墟，這是二十世紀中國考古最輝煌的成就之一。殷墟考古挖掘出大批甲骨，整理這些甲骨使歷史學家得以重新驗證《史記．殷本紀》的世系表。另外，這些甲骨記錄的內容，也使得一般通稱「商朝」的這個「朝」字啟人疑竇。從甲骨資料檢驗商人與非商人（不屬商這個民族或該文化的人）之間的關係，就發現「周」這個字不斷出現，因此有夠多材料讓我們可以確認，這個字指的都是在西邊的一個群體、一個民族。透過董作賓了不起的耐心編排，我們可以藉由甲骨文詳細的編年，知道殷墟的材料最早是從武丁開始，武丁時期就已經明確出現「周」字，指涉在商人西邊的一個民族。

經過羅振玉和王國維校正後的《史記．殷本紀》世系表，一共列了十八位王[9]，武丁是從成湯算來第十二個。從武丁之後一直到紂王結束，商滅亡，至少還有兩百年的時間。換句話說，甲骨資料清楚顯示，周人和商人至少有兩百年的時間是重疊的。我們不得不開始懷疑：傳統認為周是一個朝代，是接續商朝出現的，這樣的想法對嗎？

02 二里頭遺址是夏文明？商文明？

再往上推，那商和夏呢？傳統說法也是夏桀被商湯滅了之後才有商朝。我們也來檢驗一下夏

9 《史記．殷本紀》共列出十七世三十一王。羅振玉的《殷墟書契考釋》（發表於一九一五年）和王國維的〈殷卜辭中所見先公先王考〉、〈殷卜辭中所見先公先王續考〉（發表於一九一七年）中，列舉了十八位商先王廟號。

朝的相關考古挖掘。古史學家徐旭生詳細考查了古代的文獻資料，比對所有古代地理學上與夏朝有關的資料，判斷夏朝遺跡最有可能存在於河南西部。一九五九年，徐旭生籌劃了一個大型的豫西考古，後來成果驚人，挖出了極為重要的偃師二里頭遺址。

偃師二里頭遺址挖出了夯土宮牆基址，也挖出大量的文物，還挖出到目前為止在中國古史研究上最早的金屬遺留物。徐旭生本來是要找夏墟，結果在豫西偃師二里頭找到明顯高於已知新石器時代後期文明程度的遺址，包括城牆、宮室、夯土宮室基址和大量物件，甚至金屬。他會如何解釋這個遺址呢？

照理說，徐旭生應該很興奮地宣告找到夏墟，然而因為特別的歷史機緣，徐旭生沒有做出這樣順理成章的結論。在古史地理資料上，偃師這個地方有過一個「西亳」的名稱。根據傳統文獻記載，商湯滅了夏之後，建立的第一個都城是「亳」。偃師有過「西亳」的稱呼，讓徐旭生認為這個遺址應該和商朝有關。而且壓在二里頭文化上面的地層，還有類似商朝中葉文化的痕跡。

徐旭生斷定，偃師二里頭應該屬於早商文化，從早商一路發展到中商。整個二里頭的遺址，時間上和文化上是連續的，從上層一路往下並沒有看出明顯斷裂。徐旭生進一步推論，若底層屬於夏朝，上層已經到了商朝中葉，那麼中間經歷了夏商改朝換代，就應該顯示出劇烈變動的跡象才對。所以更確定了偃師二里頭是商文明的一部分，而不是夏朝的。

豫西考古團是由徐旭生所主持，偃師二里頭是他主導挖出來的，而且他對夏朝地理做過詳盡的研究，最後他說挖出來的不是夏朝遺址，而是一個早商的都城遺址，別人很難有資格和立場去質疑。

後來經過文革的破壞，考古研究因此中斷，當考古學家重新回來整理中國古史架構時，經過反覆比對討論，愈來愈多人支持徐旭生最早的假定，夏墟應該在豫西沒錯，而且偃師二里頭的地理位置就正落在文獻記載上的夏朝方位，也就開始有了試圖從偃師二里頭考古遺址來探索夏朝與夏文明的主張。一直到一九七四、七五年，終於有人出面挑戰徐旭生的判斷。

也許徐旭生錯了，或者說徐旭生其實原本就是對的，但被西亳這個地名給誤導了。這個翻案的假定，在對中國古史的理解上掀起巨大的波瀾。偃師二里頭可以被認定為夏文化遺跡嗎？在斷代上，偃師二里頭斷為夏朝，比早商更早，從考古層位上看沒有問題。偃師二里頭（豫西）和古史記載中商人發跡的地方，有相當大的差距，幾乎所有關於商人起源的文獻記錄都指向更東邊的地方。

唯一的問題，如果是夏文化延續到商中葉，那為什麼在這個遺址上看到的是強烈的延續性，而沒有夏人被商人征服、取而代之的激烈斷裂變化？解決這個問題的關鍵，在於我們如何重新看待商朝與夏朝的關係。

徐旭生看到考古遺跡從底層一路往上並沒有出現劇烈的變動，因此他判斷應屬延續幾百年的同一個文明，基於此判定二里頭為商朝文明。今天我們有理由換一種說法來理解，也完全符合考古資料所顯現的：底層本來就是夏朝文明，而一直到歷史記載上所稱的商朝的年代，其文明反映在物質遺留上並沒有什麼大變動，是因為從夏朝變成商朝，至少對偃師這個地方並沒有造成巨大的衝擊。

換句話說，從各種不同因素進行分析，有另一個可能性更大的解釋：偃師這裡本來就是夏人的基地，儘管夏朝結束了，卻並不表示來了一個外來民族或外來文化，壓在這塊夏人的基地上。夏文明依照原有的形式繼續發展，夏民族及其文化並未滅亡。

從這個角度，我們也可以同時理解「西亳」這個地名的由來。「西亳」指的是，當商朝建都的亳在夏人都城之東，或許就是從商人本位出發，將這個地方稱為「西亳」，一座在亳的西邊的大城。

現在愈來愈多考古學家和古史家接受的看法是：大約在西元前第十八世紀，原本的共主架構（現在我們還沒有辦法詳細還原共主制度的運作）有了巨大改變，由商人取代夏人作為共主。商人建立了自己的基地，叫做「亳」，以「亳」為中心來行使共主權力。然而夏人並未因商人獲得共主地位而消滅，他們在原來的地方繼續其生活與文明。商人也始終意識到在其勢力之西另有一支強大的舊有民族，商人以「亳」作為都城的名稱，就將夏人舊都城所在地稱為「西亳」。這樣的理解，讓很多考古上的問題都可以得到比較合理的解答。

03 同時存在的夏、商、周各在何處？

其中一個獲得較合理解答的問題，就是新石器時代考古發現如何和傳統文獻銜接。夏、商、周不是或至少不全然是前後接續的朝代，它們是不同區域的三種文化，這就吻合了新石器時代文化分布的考古架構。

夏、商、周很可能就是在三個不同區域所產生的三種不同新石器文化的進一步發展。這三個地區陸續發展了比新石器時代更複雜、更龐大的村落聯合組織，這種村落組織的勢力分布，在東邊是商，中間是夏，西邊則是周。中國古代國家的成立是這三個區域、三股文化、三個民族互動的結果。

從考古上看很清楚，河南龍山文化一步步演變成二里頭文化，二里頭文化再演變到距今四千多年前，出現了夏文化的痕跡。

另外，由陝西龍山文化發展出了周文化。中國大陸在一九八〇年代如火如荼地展開「周原考古」，目的就是要考證出周朝、周人和周文化的前端源頭。將陝西龍山與周原的考古結果，依考古層位可以毫不勉強地聯繫起來，差不多在西元前一千八百年，該地區的社會組織和文化已有所轉變。合理推測，周人與周文化大約於距今三千八百年前就已存在於陝西。

最難定位的是商。大汶口以降的山東龍山文化展現了與商文化明確的相似性，然而從古史地理考據來看，商人發跡的地點要比大汶口、山東龍山更南邊些，又比南方河姆渡文化衍生的湖熟文化區稍微北邊一些。所以商人的起源到現在仍不清楚，這是中國考古研究的大困擾，也是張光直先生一生最大的遺憾。

可供查考商人起源的相關地點，幾乎都在黃河沖積區。這裡的土都不是原生的。黃河每年帶下來的沖積土，幾千年來反覆覆蓋了這個地區。就算有考古遺跡，也都沉埋在不知多深的沉積土下面，無法挖掘。所以一直到今天，早商的考古遲遲無法有具體的突破。

我們只能藉由在夏、周考古所得的經驗，投射對於商朝文明起源的初步理解與推斷。合理推測是：商人的起源一部分來自大汶口與山東龍山文化，另一部分來自河姆渡與湖熟文化，所以商朝可能會比夏朝、周朝都要來得熱鬧而豐富。因為從地理上看，商應該是兩種不同文化互動混合所產生的。和夏文化一脈相承河南龍山文化，或是周文化一脈相承陝西龍山文化是不一樣的。

確立了這樣的概念之後，過去文獻中的許多不通之處——古人刻意不去追究，後來疑古派刻意凸顯的那些矛盾——就可以有更具說服力的解釋了。例如夏、商、周都有其始生神話，夏的始祖是鯀、禹，商的始祖是契，周的始祖是稷，這是《史記》各卷本紀上分別記錄的說法。但是《史記》還有一個〈三代世表〉，裡面寫到，鯀（夏）是顓頊的後代，契（商）是帝嚳的後代，后稷是少昊的後代，而顓頊、帝嚳和少昊都是黃帝的兒子，三代始祖都從黃帝那裡傳下來，所以中華民族都是黃帝子孫。《史記．三代世表》還告訴我們，夏朝先傳了十四世，到夏桀時被湯滅亡；湯開創了商朝，又過了十七世（後來根據甲骨文修正，應該是十八世）到紂，又被周人所亡。換句話說，依《史記》的紀年回推，從夏朝開始到周朝建立，這中間已有一千一百年。

再看這三個朝代的始祖：鯀、契、后稷。鯀和禹最有名的故事是舜命這對父子去治水，后稷是舜時代的農官，契也是舜朝廷裡面的官。依照這個故事，他們這幾個人是同時代的人。讓我們整理一下，最早有黃帝，從黃帝的兒子拉出不同的世系，傳下夏、商、周這三支，鯀、契、后稷是他們各自的始祖，而這三個始祖是同個時期的人。過了十四世，契的子孫跑到夏這邊來，接了他們的位置；再過了十七世，后稷的子孫又過來接商的位置。

《史記》已經明白記載，這三個朝代背後有三支長遠的世系，而且這三支是同時建立、同時存在的，並不是單純的先後順序。

04 夏、商、周為何有共同的祖先？

Lineage（世系）和 Clan（宗族）是人類學裡兩個類似但不完全一樣的概念。Lineage 指的是家族系譜。像是從渡臺一世祖開始一直到今天，家譜上記錄的就是 lineage 中的每一個環節，你父親的父親，你祖父的父親，你曾祖父的父親，一直推到渡臺第一世祖，還旁及一代代兄弟分房，脈絡傳承清清楚楚。

至於Clan，有一部分仍然很像族譜，只是在來臺之前，會在前面加上或許是福建長樂的世系。這樣在時間和空間上都擴大很多的族譜，就不會那麼完整，中間有許多中斷、闕漏，一直往上排，排到這個氏族的始祖，很可能是一個叫做李世民的人。這是clan，你很可能會遇到另一個姓李的人，他們家也有一本族譜，豐富詳細，但是和你們家的族譜會有一處是一樣的，那就是他們的氏族始祖也叫李世民。

這是什麼意思？人類學上講的clan往往都有後來的編造（construct）。久遠無法明確追究世系之處，人們會傾向於給自己一個因為不同理由而建構的始祖，以這個始祖的名義統合成一個更大的、想像的氏族。

兩個不認識的人或兩群陌生人要結盟，最好的方式就是認兄弟。認兄弟最簡單的方式，就是找到或創造一個彼此都同意、都願意接受的認識的人，當作共同的祖先。如此一來，大家很快地就能變成一個clan，在氏族架構下發展彼此的特殊關係。

這種氏族組構機制在民族誌、歷史資料，乃至現實中都很普遍。回推中國文化的起源，「黃帝傳說」或許就是在這樣的機制中產生的。夏、商、周是三個不同氏族、不同文化，但後來發展出愈來愈緊密的關係。將不同群體牽合在一起，最直接的方法就是給他們一個共同的祖先——黃帝。三個本來各有不同起源和特色的文明、社會、民族，因為黃帝而融合在一起，組成一個龐大的親族組織。

考古證據顯示，中國文明的起源是多元的，這和文獻上的黃帝一元傳說大不相同。然而，我們再回頭仔細看一下，至少到了司馬遷寫《史記》的時候，多族多元的記憶其實還沒有徹底消失，所以各族始生神話仍然反映了古史上夏、商、周同時多元並存的情況，這和新石器時代考古資料的推論是一致的：夏、商、周是三個不同的獨立族群，他們之間進行了非常複雜、甚至非常激烈的互動，最後產生出一個融合式的新文明。

這三個巨大的原初文明應該是經過漫長的爭鬥，才終於找到和平相處的模式。要和平相處，就得忘掉彼此曾經爭鬥的過往，於是建構了另外一套說法，將三個世系、三個族群轉化為時間上先後銜接的順序，再以後來日益強大的社會組織核心關係——親族關係——將三族融合在一起。綜合考古資料和文獻，這可能是最接近中國歷史起源實際狀況的一種解釋。

05 集中與競爭，從部落到酋邦到國家

夏、商、周的國家起源方式極為獨特，在世界的古史研究上很少見。為什麼會有國家出現？

這來自三個基本上同時快速發展的先進文明彼此間的競爭。依照目前看到的考古資料，大概在距今四千年前左右，山東龍山南邊、河南龍山和陝西龍山這三個文化區域，用人類學的發展階段概念來說，三個社會差不多在同一個時期，從部落社會進入到酋邦社會。

部落是人類最早形成人與人之間的集合形式。部落的重要特色是，集合、組織在部落中的每一個成員（這名成員不一定是個人，可以是一個家庭，或一個互助的打獵群等），基本上是以平行、平等的方式組織起來的。進入酋邦組織後，就出現一位酋長。酋邦是以酋長為中心，而且每一個成員在組織中的地位和作用，是依照與酋長之間的距離來決定的。

從經濟面來看，進入酋邦組織才出現了「生產剩餘」。部落基本上是一個合作組織，讓大家平等合作將事情做完，並沒有太大的分配功能。酋邦卻是以分配組織的型態存在的。在酋邦中出現了生產集中制，這是酋邦之所以勝於部落的最主要特徵。有了中心，有了酋長，不管是農耕或漁獵採集，成員的收穫至少有部分要交給酋長，或有部分交由酋長進行分配。酋長會依照成員與他的關係距離重新分配收穫，這是酋長最大的功能。

為什麼在這種新組織模式中才會出現「生產剩餘」？我們要明白：平等是最難創造出文明的，因為每個人都將生產所得在自己身上分別耗費掉了。假設維持一個人的生活需要八塊錢，而每一個人的生產力是十塊錢，在平等組織中，每個人都擁有兩塊錢的盈餘，換個角度看，每個人也都只能創造出兩塊錢的享受。這樣的「剩餘」不足以產生文明突破。

文明在什麼時候才真正出現呢？有一天，群體中一個特別有辦法的人，在原本生產十塊錢、耗費八塊錢的情況下，將每個人多出來的兩塊錢通通集中到他身上。這時候他可以創造出兩百元、甚至兩千元的享受，那就是文明的萌芽。藉由分配所產生的集中制，是從部落到酋邦的重大變化。

從新石器時代後期的墓葬制度可以看出，有些部落組織中的生產與財富有了逐漸集中的跡象。到了西元前兩千年，這三個主要區域都明顯出現這種集中制創造出來的文明。

集中制創造出來的文明就構成了三個彼此接觸、進而彼此競爭的中心。競爭關係刺激他們不斷擴張自己的領域，同時也就強化了對內的集中程度。集中度愈高，才有愈多資源可以投入競爭與擴張。甚至就連自保與防衛，也有賴於財富資源集中。以前挖壕溝就夠了，後來非得蓋城牆，而且必須是夯土打造的堅實城牆不可。那就非得加強組織，要動員很多的人，在最短時間內趕緊將城牆築起來。

很顯然，中國的國家機制是在這三個不同中心的競爭中得以快速成長。相互競爭與防衛，加速了互動，也加速了彼此學習。這就是為什麼在這麼短的時間內——以古史的尺度衡量——大概從距今四千年前到三千年前的這一千年當中，中國快速產生一個輝煌的國家組織與國家制度，以及一套與國家組織、國家制度相對應的高度文明。

06 共主崛起，來自社會層級分化

依循古史文獻，在這樣的三角競爭關係中，夏應該是原本最先進的。大約在西元前二十一世紀，夏率先進步到跨部落共主地位。這裡我們碰到夏朝考古調查資料不足的困難。偃師二里頭很重要，可是到現在為止，除了偃師二里頭以外，並沒有太多其他相關的夏史材料可以和偃師二里頭相對應，連成一條夏人和夏文化面貌的線索。更大的限制在於，即使是偃師二里頭遺址，都沒有可供辨讀的文字資料。

夏人到底有什麼樣的突破，可以使自己成為較大區域的共主？這還是一個難解的謎。不能直接找到夏人的證據，我們只好退而求其次，看看能否藉由研究在夏人之後崛起為共主的商人，從商人所展現的文化特色，試圖回推三個文明中心競爭的關鍵或祕訣。

依照時間順序，我們應該先弄清楚夏文化，明白他們憑什麼能夠在西元前兩千年左右成為區域共主，再進而討論商人和商文化有怎樣的突破優勢，以至於能超越夏人。然而考古學的性質就是如此，沒有足夠的夏文化資料，不能強求，只好發揮推理與想像能力，運用既有的資料推測未知的歷史。

回到前面提過的一項重要事實，那就是中國國家的出現，並不是伴隨著生產工具與生產力的突破。考古資料清楚顯示，從西元前六千年一路下來，中國地區的石器生產工具並沒有突破性的變化。工具沒有突破，意味著隨後兩三千年中，個人的生產能力不可能快速增長。

那幾千年中，人的體力一樣，身體組織完全一樣，所面對的自然環境、生產條件也一樣，連使用的工具基本上都是一樣的，個人生產力要從何提升？也就是說，總體的生產力只會隨著自然人口成長而增加罷了。

奇怪的是，西元前兩千年時，這塊土地上的人類創造出來的東西，和西元前四千年的情況天差地別！這段期間內出現了城、宮室、青銅器、甲骨、文字等等。我們要問，這中間到底發生了什麼？總生產量沒有巨大改變，為什麼在西元前四千年時創造不出文明，到西元前兩千年就可以創造出如此輝煌的文明？

看來只能有一個合理的解釋，就是在這兩千年中，這塊地區出現激烈的社會組織變動。社會組織的變動讓過去相對平等的人——或者用馬克思主義的說法，在原始公社制度下生活的人——開始了層級分化。在層級分化的過程中，分出了「有」與「沒有」的人，「沒有」的人擁有的東西愈來愈少，因為他的生產所得透過某種社會組織與社會強制力，被集中到少數富有的人身上。「沒有」的人愈來愈窮，而人數卻愈來愈多；「有」的人愈來愈富，但人數愈來愈少。資源集中讓富有的少數人得以揮霍，才創造出我們看得到的文明。

07 玉器彰顯的文化符號意義

在原來平等的公社組織中，大家各盡所能、各取所需，過著均貧的生活。但這樣的情況為什麼會改變？為什麼多數人到後來會坐視少數人變富有並維持富有呢？讓社會所有權的分配區別開來，因而創造出文明，這中間發生了什麼事？

解答這一連串問題的一種方式，就是去探問、研究古代的玉器與青銅器。前面提過，商朝文化的來源有二，一是大汶口下來的山東龍山文化，另一個是湖熟文化。湖熟文化——尤其是良渚文化遺址的發現——可以給我們很大的啟示。

前面看到的新石器時期墓葬中的陪葬品，絕大部分可以清楚辨認出它的工具意義，有箭鏃、石斧，當然更多的是陶器。以良渚為代表的湖熟文化，其墓葬中也有陪葬品，而且數量很多，但最主要的是玉器，如玉璧、玉琮、玉琮等幾個典型的玉器形制。

良渚文化玉器圖（臺北故宮博物院藏）

良渚文化玉琮圖（臺北故宮博物院藏）

這些東西的意義何在？最大的意義在於我們看不出它們的用途，它們沒有實用功能，也不可能被拿去作為工具。相較之下，馬家窯墓葬裡發現那麼多的同型陶罐，我們判斷那或許是中國最早專為陪葬而造的明器，而不是要在現實生活中使用的。不過那些畢竟還是陶罐，我們一眼就可明白其緣由：在這個社會中，陶罐是有用的，所以一個富有的人死後要帶走很多有用的東西到另一個世界去。可是我們完全說不出良渚的玉器怎麼用，它就進入另一個領域，一個由象徵意義而非現實功用構成的領域。

良渚出土的玉琮值得特別注意。從它的形狀就知道，這絕對是經過精心雕刻的，不會有任何天然的石頭長這個樣子。而且良渚遺址中出土了許多具備同樣形制的物件，其形式都是內圓外方，更證明了這個形狀絕非偶然，恐怕已有嚴格的雕刻規範，也就必然有其形狀上的道理。

良渚人沒有留下關於道理與想法的記載，然而，玉琮的形狀很容易就讓我們聯想到「天圓地方」的傳統說法。蒼穹是圓的，地表是方的，會不會玉琮就是天地具體而微的象徵？為什麼純粹非功能性的象徵物件，會成為那個文化中富有的人墓葬裡最主要的東西？

在玉琮等玉器上，我們看到一個典型的圖案（見上頁左圖），像是一張戴著眼鏡的臉，上面又壓了另一張比較小的臉。顯然當時的人對於這個圖案也必然有其解釋。這個圖案在這個文明裡必然有其象徵，也有其象徵所發揮的力量，不然不會出現如此清楚的「複製」。

有人想：「我要畫一個圖形……」就算那個圖形是模仿自然而來，但畢竟每個人畫出來的都不一樣。必須要是社會上已經建立了一種集體習慣，認定這樣的圖形就代表什麼意義，大家才會複製同樣的圖形。從某個角度看，這是文化中的明確符號，只是我們無從解讀這個符號所代表的意義。

08 青銅器的鑄造與器皿神聖性

假如商朝是由大汶口文化和湖熟文化的互動所產生的，那麼我們或許可以試著從商人文化中發掘出來的東西，推測良渚玉器可能的意義。以安陽挖掘出來的玉器進行比對，在玉器的雕磨上，商人與山東龍山文化間的關係遠沒有和良渚文化來得密切。安陽挖掘出土的軟玉雕琢物件，帶有半具象的形體，和良渚玉器一樣，沒有任何實用功能，不再是器具，而比較像是我們今天理解的藝術品。

但有一點很特別，如果這些非實用的造型是模仿自然而來的話，照理說，其表面不應該有紋飾，而應該將重點放在造型上。然而安陽出土的玉石之器，基本上沒有一個是表面光滑的，每一個都帶有紋飾。就連一眼看去就是鳥造型的玉器，身上都密密麻麻布滿了紋飾。

殷墟的物件造型清楚顯示，當時的人觀察大自然，再將之重現出來，過程中已經有自己的一套美學標準。商朝的青銅器中，有犀尊、鳥尊，顧名思義就是做成犀牛、鳥的形狀，但是都帶有非寫實的風格化線條，也都布滿紋飾。

那些動物造型上的紋飾和一般青銅器皿上的紋飾非常接近。從這樣的物件最容易看出兩個傳統或兩種不同的工藝文化在商朝融合在一起。一個是來自類似良渚、河姆渡那個方向的

安陽遺址玉器圖

石器雕琢，它們有一些對於動物特別的觀察與描繪。然而這部分的傳統到了商朝，和另外的山東龍山文化互相影響，使得原來朝具象發展的石器文化和琢磨工藝，呈現在全新的器皿上。

商朝的青銅器形制很多，有鼎、鬲、甗、簋、釜、爵、角、斝等等，看得眼花撩亂。青銅的起源有許多不同的可能性。在新石器時代文化中，由製陶技術產生了火窯；到了二里頭文化，出現了白陶這種特殊陶器。按照燒製溫度來排列，黑陶比彩陶所需的溫度來得高，白陶所需的溫度又比黑陶更高。大約要一千到一千兩百度的窯溫，才能燒製出白陶。所以一個地方出現白陶，也就意味著該地的火窯技術已經突破攝氏一千度。能在火窯裡燒到一千度、一千兩百度，泥土裡含藏的金屬礦物質也都會被熔出來。

我們可以合理想像，這個區域的人一旦發明了如此高溫的火窯技術，必然會在燒陶過程中看到各式各樣、極為新鮮的金屬現象。然後可能再花幾百年的不斷試驗，逐漸試出一種遠比陶器更穩定、更堅硬的材質。

商文化在這方面的表現很突出。發現青銅之後，它最重要的功能就是取代陶器。青銅的用途除了少量用於製造兵器外，絕大部分用於將原來的陶器改成青銅材質。從這個事實，我們可能得到的推論是：正因為青銅等金屬材質都是在燒陶過程中發現的，對當時的人來說——他們不像我們今天擁有這麼多知識和因果邏輯思考能力——很自然傾向於認為這種新的材料比陶器更堅硬，更適合拿來取代陶器。因為在製程中產生的親近性與聯想，使得青銅自然取代了陶器，用來製造許多承襲陶器功能的器皿。

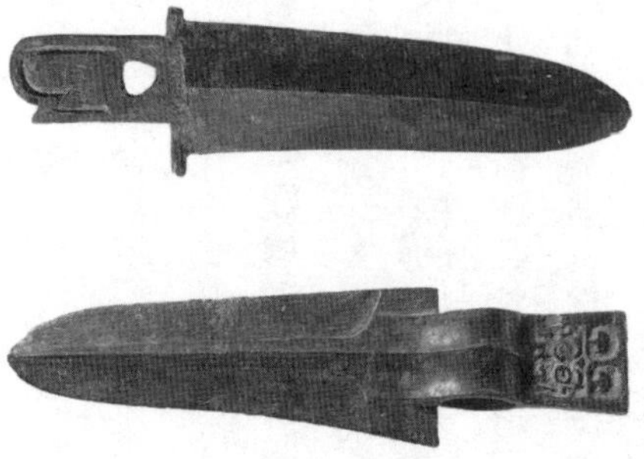

商代青銅匕首圖

青銅器皿形制圖

在新石器時代，陶器的重要性來自它是水、火與穀類混合的重要處所（locale）。另一個合理的推測是，在遠古時代的人眼中，陶器應該像是具有神力的東西，可以將原本硬邦邦的東西化成方便可食、甚至好吃的食物，他們無法理解水與火在陶器那個環境中所起的變化，很容易就對這種容器產生魔法的想像。

隨著農業的起源與發展，中國很早就有把穀物變化的神奇作用歸因於器皿的想法。用今天的語彙來說，就是器皿取得了「宗教意義」，所以後來的人發現任何新的貴重材料，自然就會將貴重材料用在神奇的東西上，讓它更顯神奇。

這或許部分解釋了為何中國的青銅器很少真正運用到青銅硬度高的實用特性。即便看到商朝的青銅兵器，我們也不能理所當然就認定那是在戰場上打仗用的，它們有可能使用在儀式中。

鼎是商朝青銅器裡最普遍的形式，從它的形制和花紋，可以清楚了解青銅器的製造過程。從商到周，中國的青銅器除了少數例外，基本上都是用「範鑄」的方式做出來的。青銅與陶土、陶器有著密切關係。

先做一個器物模型，然後在模型外面做成「範」，一塊一塊接起來，將之包起來。也就是首先要用陶土燒出一個和青銅完成物一模一樣的東西，然後在這東西上面包覆一塊一塊也是陶土做的「範」。範做好後，把它拆開，移走裡面的模型，再重新組合起來，變成一套中空的範。接著往裡頭澆灌青銅汁，等到青銅汁冷卻，拆掉外面的範，就出現我們所看到的青銅器。

因此，青銅器的形制當然會受到「範鑄法」的限制。不過除了看到限制，我們更應該看到那個時代工藝技術與工藝設計發展到什麼樣的驚人程度。商朝青銅器的尺寸不會很大，然而用現代技術仔細復原製造過程，會發現其中的難處，就是它必須做極精密的設計，裡面的模子形狀必須先考慮到外面的「範」的築法。範要能一塊一塊切開來，還要能一塊一塊再拼回去，拼出沒有缺漏的樣子。這個需要極精巧的思考和極高度的空間邏輯能力，事先規劃清楚什麼形狀和什麼角度可以做，什麼形狀和什麼角度不能做。

除了中國之外，其他主要的青銅文明製造複雜的青銅器，最終都走上同一條路：脫蠟法。脫蠟法不像範鑄法那麼複雜。蠟在高溫下會融化，所以就先用蠟做出器物的樣子，在外面用泥巴包起來，然後點火，一方面將泥燒硬，一方面將蠟熔成液體，只要預留一個孔讓臘汁流出來，就能成功燒出中空模子。接著封填讓臘汁流出的洞，從另一個開口將青銅汁澆灌下去，等它冷卻、硬了，再打掉外面的模子，裡面那個青銅器就會長得和原本用臘做的器物一模一樣。顯然，用脫臘法做出來的形狀變化可能性大得多了。

中國大概有一千年的時間一直以範鑄法造青銅器，而沒有用脫臘法。我們可以確認中國很早就發現了蠟，但就是沒有將蠟應用在製造青銅器上。其中一種解釋是：青銅器如何製造的方法和過程，與製造出來的器物結果一樣重要。

基本上，青銅的炊具都是從陶器形制中配合範鑄法小部分調整而來的。和過去的陶器相比，這個時代的青銅器明顯多出來的形制是各式各樣的酒器。這說明了釀酒技術發達，而且飲酒這件事獲得了過去沒有的群體意義。至於是什麼意義，器物本身不說話，只好靠後來的記載來推測。

在後世文獻中，有兩種青銅酒器形制記載得很清楚，一個是角，一個是爵。爵上頭有兩個凸起來的小鈕，其功能在《禮記》中說得很清楚，是阻止喝酒時猛力乾杯的，是節制用的。如果猛力一乾，這兩個鈕撞在臉上可是很痛的。或許早在商朝，就已經有了酗酒問題及其連帶產生的解決考慮。

另外，《尚書》中有一篇〈酒誥〉，相傳是周公對受封去統領「妹邦」的康叔的警惕。妹邦是商人原來居住的地區。文中反覆申說：去到妹邦的人絕對不能養成酗酒的習慣。「天命」之所以選擇了周人，靠的就是不酗酒、不沉溺，所以周公讓康叔一定不能忘了，絕對不可以到了妹邦就被當地商人影響，失去了原本清醒的紀律。

09 青銅紋飾的通天地象徵

讓我們思考一件比較特殊的器物：有一只青銅盆，盆裡環繞了四條龍，更特別的地方是，它裡面刻有兩個像老虎的圖樣，張大了嘴巴，將一個人頭包在中間。完全一樣的圖形在一個大鉞（斧頭）上也刻著。另外還有幾個類似變形的例子，出現在不一樣的器物上。

這象徵什麼？代表什麼？要回答這個問題，讓我們進一步認識一下青銅器上的紋飾。前面提過青銅器上紋飾的重要性，最主要的幾種紋飾有饕餮紋、夔紋、龍紋等等，幾乎所有紋飾的源頭都與動物有關，都是從動物的具象描繪加以變形抽象化。例如饕餮，一下子就看到像眼睛的形象。我們可以查到的古書文獻上說：饕餮指的是貪吃，饕餮和大吃、肉食都有密切關係。

以此推論，前面列舉的圖樣是在描述動物吃人嗎？表面上看來滿像的。但張光直先生做了不同的解釋，給了我們更寬廣的意義空間。他認為，青銅器上的紋飾彰顯了一種人與動物之間的關係，並不是我們想當然耳的威脅關係。

張光直先生的經典史著《美術、神話與祭祀》（*Art, Myth, and Ritual*）中，以文獻和考古巧妙且綿密的對照，主張饕餮紋所顯現的是人類如何藉由動物進出不同世界的神話。也就是說，青銅器上的紋飾與奇特的圖樣是在記錄並顯示，這些青銅器的主人擁有的神奇力量。這股神奇力量最主要的內容是，他或他們可以和一般人認為已經不存在的人進行交流。用現代說法來講，商朝人可以和靈異溝通，而他們跨界溝通最重要的對象是祖先。

透過後世文獻回頭重建商人的概念，他們似乎將存在的世界分成兩大塊，一塊是我們所生活的空間，另一塊是去世的祖宗所存在的領域。這有點像古希臘世界觀中，人和奧林帕斯山諸神有所區別卻又頻繁互動的架構。上面的那個領域隨時有能力，也隨時可以介入來改變下面的空間。只不過，古希臘人想像的住在奧林帕斯山上的眾神，往往純粹出於任性而干預、改變人類的命運。很多希臘神話故事的重點都在讓人相信命運是無法違抗的，因為你根本不知道什麼時候會發生什麼事。然而，在商人的概念中，上下兩個領域卻有一套具體的互動秩序，最根本的互動原則就是：自家祖先保佑自家子孫，誰家的祖先在天上愈有權威，他的子孫在地上就愈有辦法。

如何證明這兩塊領域的存在？又如何讓別人感受到上面的領域中，商人的祖先勝過其他人的祖先，因而商人在世間理當該占有統治地位？要達到這樣的目的，一定要有兩塊領域間互相溝通的證據。

依照張光直先生的說法，青銅器之所以重要，因為它們都是禮器，都是儀式性的器物。每次一動用到這些青銅器，就是一件了不起的事，讓所有人感知到，憑什麼你們要聽我的，就因為我背後有一個你們無法擁有與展示的更巨大超越的靈異力量。

商人以誇張的規模與方式，長期反覆地示範：我們商人和你們不一樣，雖然大家都有祖先，可是只有我們擁有隨時可以和祖先直接對話的管道。透過這些你們無從擁有的青銅神器，青銅神器上還有可以通天地、上下往返的神獸，我可以直接召喚我們的祖先，請他們降靈來協助。這就是後來周人所說的「神道設教」[10]。

張光直先生的洞見至少說明了幾件事情：第一，為什麼商人會耗費這麼龐大的資源去鑄造青銅器；第二，為什麼青銅器都是禮器，而沒有實用工具；第三，為什麼青銅器上普遍有複雜的紋飾，而且紋飾和動物關係密切；第四，為什麼就算到後來出現了文字記錄，人們還是給像鼎這樣的青銅器那麼高的象徵地位。

更關鍵的是，透過張光直先生的說法，我們可以合理推論商朝集中資源的運作模式。

商人掌握了巨大的威嚇優勢，他們宣稱並示範自己可以透過一個神祕巨獸張大的嘴巴上到另一個世界，將超越的力量召喚出來。於是，那些沒有這種本事可以通天地、進出另一個世界的人只能乖乖聽話，乖乖依商人安排的方式奉獻生產所得，如此造成了資源的高度集中。

10 建築技術讓夏人成為共主

商人很有可能就是靠青銅器及其通天地功能而崛起，並將夏的共主地位取而代之。那麼往上推，夏人又憑什麼崛起，奪得最早的共主地位呢？如果單從考古遺址來看，很有可能的答案是：夏人發明了最有效的夯土技術。

夯土一點都不容易，需集結那麼多人，先做好版築，將泥土擔來倒進去，再反覆以石具予以夯實。這牽涉到的不單是工作技術，還有組織技術。一旦掌握了高度的夯土技術，就能產生很大的效果。一方面，可以築起較高而堅實的城牆，大幅降低敵人的威脅；另一方面，可以分出城鄉，也就是在地理形式上構造了集中制條件，鄉人為了取得城牆保護，就得貢獻其部分生產所得，換來有敵侵擾時進城躲避的權利。

城是資源的集中地。或許夏人就是因為懂得如何築城，進而在築城過程中集中了周圍的資源，再將夯土技術運用在建造宮殿上。宮殿有什麼好處？宮殿突出了別人所無法完成的獨特性。權力愈大，城蓋得就愈高，宮殿也就蓋得愈大，於是吸引愈多人靠攏以尋求保護，如此產生的集中效果就愈大，逐漸造就了這個地區的共主，擁有不被別人攻打的優勢條件。

和夏人勢力範圍相接的商人，或許也曾一度認夏人為共主，有了和夏文化頻繁的接觸。他們顯然模仿、學習了夏人的夯土技術，但光是學會夏人擁有的本事，並不足以凌駕於夏人之上。讓

10 原指聖人順應自然之勢，以道德建立教化，出自《周易・觀卦・彖辭》：「觀天之神道，而四時不忒，聖人以神道設教，而天下服矣。」後來指利用鬼神迷信以愚弄人民。

商人脫穎而出的，最有可能還是他們懂得設計出之前沒有的繁複儀式，以這套儀式召喚靈異力量，進而建構自身的權威。

商人對內對外都表示，他們之所以能打勝仗，是因為有神力在後面。商人用這種方式解除別人的挑戰，建構起自己的共主勢力。因此，到了「周人翦商」時，周人要挑戰商人的共主地位，當然得有破解商人優勢的方法。所以會有文王到周公的人文轉向，特別強調天命，並出現「人文化成」[11]的說法。這顯然是要否定商人的祖先優勢，將重點轉為如何爭取抽象、普遍、共同、與任何個別祖先無涉的天命。周人藉由這種方式取消商人最主要的權力來源，質疑並否定其作為共主的合法性。

從這個角度看，我們對夏、商、周「三代」歷史有了不同的意義和解釋。以這種方式來理解「三代」，又可以和考古挖掘出土的物件證據彼此呼應。雖然不能說兩者百分之百契合，但至少比以前所相信的那些傳說更加合理，也更加確定。

11 關於「人文化成」，見《周易・賁卦・彖辭》：「剛柔交錯，天文也；文明以上，人文也。觀乎天文，以察時變；觀乎人文，以化成天下。」意指依天文而創造人文，猶如日月星辰各有其位。

第五講

聚落、建築與共主更迭

01 夏：最早被記錄下來的王朝

夏朝考古的重要突破就是發現了二里頭一期文化遺址。我們可以用這個遺址的發現作為風格與層位的標準，去檢驗其他比較不明確的考古發現。若是某個遺址分布在古文獻上記載的夏人和夏朝主要活動區域內，而且在風格或考古層位上接近二里頭文化，就可以暫時假定為夏文明的遺留，或至少和夏文明有高度親近性。考古學家用這種方式來累積對夏文明的認識。

從這種方法找到的材料可以看出，夏人應該已經有鑄造銅器的能力，然而和陶器相比，二里頭出土的青銅器數量少得可憐；和商代青銅器相比，表面上沒有什麼可以辨識的紋飾。

商朝中期，甚至部分商朝早期的青銅器，都已經有典型的由動物化身變形的紋飾。由此可以推斷，商朝擁有特殊的青銅器文化，青銅器在商朝扮演了極為核心的角色。依照張光直先生的看法，青銅器甚至就是商人之所以變成共主、擴張為國家的關鍵。[12]

商人利用青銅器傳承自陶器，能將水、火併合後轉化穀物為食物的神力想像，並巧妙地結合青銅材質、器皿功用與紋飾象徵等三項元素，建立了神權統治的基礎。

安陽殷墟出土的甲骨記錄，讓我們有把握談論商朝的神權統治，從而了解青銅器凝聚的力量。夏代在這一點上顯然和商代很不一樣。青銅器在夏文化或夏的統治結構中，並不具備像商代那樣的意義。

將考古遺跡與史料拿來比對，我們確信夏朝與夏文化絕對存在，而且夏人比商人更早就已經建構了相當複雜的組織。這個事實在歷史研究上絕對值得重視。如果夏人的組織方式、組織原則不同於後來的商人，那麼夏人又是憑藉什麼條件從諸多部落間壯大並脫穎而出，變成一個最早被記得、被記錄的王朝？

要尋找與夏朝成立有關的線索，我們必須先認識新石器時代的聚落與居住環境。

02「夯土」創造了向上的居住空間

新石器時代後期的遺址中，出現了明顯的社會分化跡象。例如在同樣一個遺址，很有限的空間內，比鄰存在著不同規模的墓葬。一些墓葬很小，裡面沒有任何陪葬品；而相隔不遠處卻有一

12 可參考張光直，《中國青銅時代》（臺北：聯經，一九八三年）。

個大墓，擁有數十件陪葬品。

同在一個聚落裡，有些人一無所有，有些人卻擁有那麼多。距今約四千五百年前，和貧富差距一起顯現的一個特殊現象是，有些墓坑為了放置大量陪葬品，特別配備了「墓葬土台」。這種墓通常挖得比較深，死者葬在最底下，旁邊會有一塊比較高的地方，專門用來放陪葬品，然後才是地面層。土台層的出現，表示人們對於向下挖掘的墓葬空間有了結構與功能區分的自覺，應該也是有了對死後世界更複雜的想像。

從西安半坡與姜寨遺址復原的中國新石器時代居址形式，是地下半穴居。當時的工具有限，當時的人也缺乏對於建築物理原則的基本認識，要創造一個與原本大自然空間不一樣的居址，往下挖顯然會比往上蓋來得容易。因此，開始時不管是墓葬或居址，都是先往下挖出一個空間，有了地下空間，要加覆屋頂，高度就沒那麼高，難度也相對降低很多。

到了新石器時代後期，當時的人開始意識到可以在墓葬坑挖掘形式上做出區分。我們發現，一個墓葬是否擁有土台，顯然具有特殊的階級意義乃至宗教意義。死者愈富有、愈重要，墓坑就愈大，同時愈有條件讓他的墓葬分層。

小屯殷墟的狀況也是如此，挖掘出土的所有大墓都分為一層一層，不是單槽形式的一大塊空間。這或許和挖坑技術有關，一層一層往下，愈下面的範圍愈小，也比較好挖。不過，我們可以從甲骨及文獻資料裡看到，商人對於墓究竟有幾層是很在意的，這有著特別的意義。整理商人對於單雙數的偏好，只要知道這個商王的墓號與廟號，我們幾乎就可以準確預測他下葬的大墓有幾層土台。

在良渚文化遺址中，我們還看到進一步延伸的現象。不只是原來往下挖的墓葬分出土台，這裡甚至會在墓葬附近的平地層加高堆出土台來。從土台的分布及其嚴格的方位安排來看，這種土台不會是居住用的，更可能是某種祭壇。就建築方面的意義而言，這時候的人開始反其道而行，之前要創造人為空間，一般都是往下挖，然而到了一個時間點後，換了方向，開始將地面填高。

將地面填高需要不同的技術條件。最主要的技術是「夯土」：倒上一層土，以人力使用工具把它打實。下面一層打實之後，再鋪一層土，然後再打實，一層一層堆打上去。考古出土的城牆遺物都有清清楚楚的橫紋線，那就是夯土過程留下來的。

然而要能夯出高一點的土台或土牆，則需要另一種技術。當我們用力捶打泥土，往下打的力量除了會讓土變實，也會讓土往旁邊跑。所以，夯土技術必須同時配備「版築」的技術：用板子將兩邊夾住，板子站穩夾牢了，才將泥土倒下去，才開始一層一層夯實。

從新石器時代的考古遺址來看，人類居住空間的突破有賴於兩項條件的配合成熟。第一，要擁有能利用地心引力來施加重力的完備工具，缺少這樣的工具，光靠雙手雙腳是無法有效夯土的。第二，必須要有「築」的知識與技巧，不管「築」的板子是以什麼樣的形式或材質製成，重點是要懂得如何去「築」，讓這些板子可以穩固有效地站立，供夯土之用。具備這兩項條件後，人們才有機會在原本平坦的地面朝上發展，而不是照原來的方式朝下創造人為的居住空間。

03 農作儲存和聚落間的掠奪

夯土要比挖坑更辛苦、更困難。大約距今四千三百年前到四千年前之間，在幾個不同的地方都出現了夯土的痕跡，而且幾乎是在同一時期運用在三種不同的建築形式上。一是祭壇，一是城牆，還有一個是宮室，就是大型建築物居址的基底。這個現象說明了：在文明的發展過程中，人們經過漫長的試驗才終於了解夯土技術，掌握了夯土技術的各個環節。

為什麼這個新技術會同時運用在三種不同的建築形式上？我們先來了解農業、戰爭和掠奪之間的發展關係，如此才能說得清楚。

農業的出現是人類文明跨出的一大步。農業多麼重要！農業徹底改變了人類主要的熱量來源，從撿拾採集堅果水果、打獵捕魚，變成仰賴穀類作物。不過，農業對於人們生存方式的改變不止於此，它還使人們產生了其他微妙卻恆常的生活態度，例如人要開始播種，要等待收成，就必然密切跟隨著作物的生長，而有了以往沒有的對季節週期的感應。

因此，幾乎在所有出現陶器、出現農業的文化中，開始看到與時間、與季節有關的種種現象。農業出現的文化中，還相應會有對於方位的敏感。另外，有一點和農產的收穫也有關。不管種植、收成的是哪一種作物，總是在同一個時間成熟，所以產生了另一個重要的要求：人要懂得等待，更要懂得儲藏。

在新石器時代，人們依靠農業為生，當時沒有那麼好的農耕技術，更沒有那麼多的品種，可供播種、採收的作物相對有限。一年到頭，或許就種一兩種主要作物，因而也就習慣了依賴這幾種農作物。這意味著人們對作物的變化時節高度敏感，一定要知道作物什麼時候會成熟，還有一次採下來的收成該如何保存。因為一直要等到明年，季節再次循環，才能再有下一次的收穫。這就是為什麼我們經常會在陶器文明的遺址中，從陶器底部找到已經石化的穀類痕跡，因為陶器同時也負擔了儲存的功能。

農業讓人等待，逼人儲存，不只改變了人與自然、人與季節的關係，也連帶讓人與人之間的關係發生了巨大變化——農業生產的儲存，成了別人掠奪的對象。

我們今天講到農業，講到鄉村和田園，講到人與土地之間的關係，產生的基本想像常常是：多麼純樸和平！農夫樸實平和，商人奸詐好鬥，這是我們一貫的刻板印象。然而若從歷史角度來看，農業一旦在某個地方開始生根，成為主要的生活方式，那個地方必然隨之出現激烈的爭鬥。爭鬥的動機很簡單，任何一個農業聚落都必須儲存，自己儲存穀物時也就能想像別人也在儲存，難免浮現強烈的誘惑：我為什麼要這麼辛苦？既然別人也儲存，那麼把他們儲存的糧食搶過來不就得了？

還有一件事不能忽略。早期農業在缺乏灌溉基礎的情況下，影響農業生產的變數很多，即使環境類似，附近的聚落也可能有完全不同的農業命運。這個聚落今年大豐收，可能五公里外的某個聚落卻什麼都無法收成，在那種情況下，聚落與聚落間的關係勢必緊張。

臨潼姜寨的遺址顯示，那個時候的防禦是往下挖壕溝，這用來防止動物侵犯沒有問題，但是壕溝（尤其是人為的壕溝）要防範會使用工具的人類就沒那麼有把握了。農業發展連帶產生激烈的掠奪與爭鬥，不只在中國，在各個不同的新石器時代文化都能看到同樣的狀況。這樣的關係變動，必然迫使社會組織進行大幅調整。

04 聚落戰爭後的築牆效應

當年，人類學家摩根以及受摩根影響的馬克思和恩格斯談到原始社會時，將農業出現之後的社會階段歸納為「奴隸制社會」，是有其道理的。農業時代的戰爭起因於掠奪別人的農業剩餘，那是別人賴以生活一整年的存糧。存糧被奪走了，人也就活不下去，所以搶奪與保衛必定是殊死戰。

從甲骨文的記錄裡還可以看到，初期的戰爭往往是很恐怖的毀滅戰，贏的一方將穀物搶走，同時殺光輸的一方。然而在戰爭、掠奪、屠殺的行為中，人逐漸學習到：掠奪一個部落，除了農產儲存、農產剩餘之外，還有另一項更有用的儲存，那就是人力的儲存。

費很大力氣，冒很大危險，殺很多人，搶到那些穀物，划得來嗎？這些穀物明年就沒有了，不是嗎？為何不換成不同的目標？不只搶東西，還要搶人。去掠奪一個部落的時候，最有用的東西其實是人，是明年、後年還可以從地裡種出穀物來的勞動力。這些勞動力就是別的聚落的人。

爭鬥刺激了相關的激烈競爭。首先要競爭彼此之間的武器，能掌握塑造較高硬度武器技術的部落，當然較有機會戰勝旁邊的聚落或部落。

其次是人數的競爭。俗諺說「人多好辦事」，在原始環境裡尤其如此。哪個聚落可以掌握較多人，通常就有較好的條件去征服、侵略人口比較少的聚落。讓自己的聚落成長最容易的方式，就是將征服來的人納入組織系統裡，但要讓他們乖乖聽話，「為人民服務」。

戰爭掠奪使得各個原本自給自足的部落，開始出現階級劃分。有一部分的部落變成奴隸，生產出來的東西不是自己可以控制和享用的，而是被管制統轄的主人拿走，集中在主人那裡。

夯土最需要什麼？需要高度密集的人力。從距今四千三百年前到四千年前之間，為什麼出現大量的夯土遺跡？最合理的解釋應該是：這時出現了大量被壓迫的人力。在原有的正常安排下，人力主要耗費在自給自足的生產上，不可能挪出這麼多可以承擔夯土工程的人力。

再來看，為什麼需要夯土？夯土的重要動機之一是築城，藉以預防別人的武力搶奪。因此，這兩件事顯然是相互循環、彼此強化的。戰爭、掠奪的結果使得部分的聚落——較大型或較早取得武器優勢的聚落——可以去掠奪其他聚落的農產儲存與人力。這些遭擄來的人力用來夯土蓋城牆，城牆蓋好之後，這個聚落就有更安全的保護，不受別人侵奪。所以這個時期在黃河中游地區，差不多是山西龍山文化這一帶，開始大量出現與城牆有關的考古證據。

這個時期有幾個代表性的出土遺址。王城崗遺址發現了完整的城牆，其尺寸幾乎和平糧台遺址挖掘出來的城牆基址完全一樣。我們可以推測，在這個時期，因應逐漸激化的戰爭與掠奪情況，一個有力的聚落會有一個合理或最具優勢的大小規模——聚落中要有足夠多的人來進行侵略，並有效地築起城牆來保護自己，讓人能住進城裡。

不過，隨著築城技術的進步，城的規模也愈來愈大。到了西元前十五世紀（商朝中期）的鄭州商城，商人已經能築起一個兩公里見方的城牆，城外還有郭和壕溝（外城和外壕）。

05 從夯土技術看宮室建築

我們還要進一步追究：中國的城究竟如何一步步擴大？

夯土技術發展的同時，宮室建築開始出現。新石器時代典型的地下半穴居，柱子可以直接立在泥土上，因為高度不高，還不至於歪斜倒塌。從半穴居變成夯土高台居，是因為如果不挖半穴式坑洞，直接在平地上蓋房子，那麼柱子的高度就要加倍，光是立在原先的泥地上是立不穩的。解決的辦法就是先夯土打出密實的土台，讓柱子卡在夯土柱洞裡，如此才會牢靠。

盤龍城遺址（位於今湖北武漢）是中國考古學上一個很大的謎，因為它的位置不在傳統文獻記錄的商人統治範圍內，而且它有一座完整但規模奇小的城牆。這座城小到城內只容納了兩間大房子。

這座城的位置那麼偏南，又只有這麼大，顯然不會是一個聚落居址，目前一般猜測那是商人往南邊發展的一個軍事據點。盤龍城的遺址有夯土，好讓柱子打深，有一定的深度才能有相應的高度，不然屋頂的重量壓在柱子上會吃不住。夯土最重要的作用就是讓柱子可以深入底下，先立好柱子再繼續夯土，每一層夯上去的土就緊緊將柱子夾住，房子才能蓋高，也才能支撐寬廣、複雜的屋頂結構。

二里頭一號宮殿是目前為止大部分考古學家認可的夏代遺址，也是現在發現最早且最完整的一塊夯土宮室遺址。從斜坡台階到每個柱洞分布的狀態，配合周代古籍記載，可以大致還原出宮室模樣。我們發現，夏代宮殿的建築方式和後來周代留下的文獻記載，基本上沒有太大出入，讓我們很容易就能解讀考古平面圖上的意義，畫出應該還滿可信的還原圖。這顯現了從夏到周在建築形式上的傳承關係。

傳統中國建築有一種特別的模式，稱為「堂間建築」，現在反而在日本保存得最完整。堂間建築最大的特色在於建築的重量靠複雜的屋頂結構和梁柱來支撐，相對地，牆壁完全不承重。一

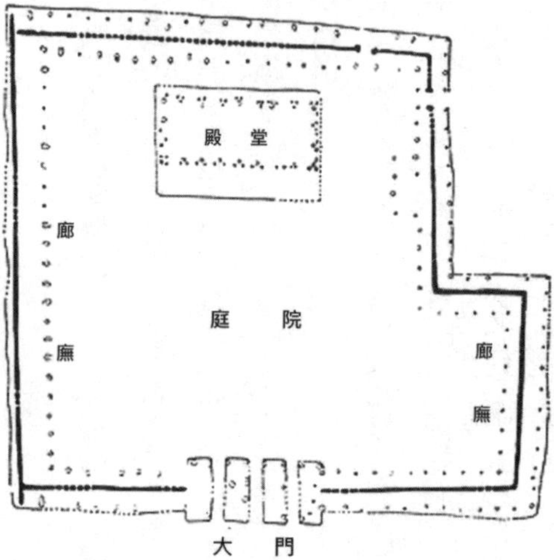

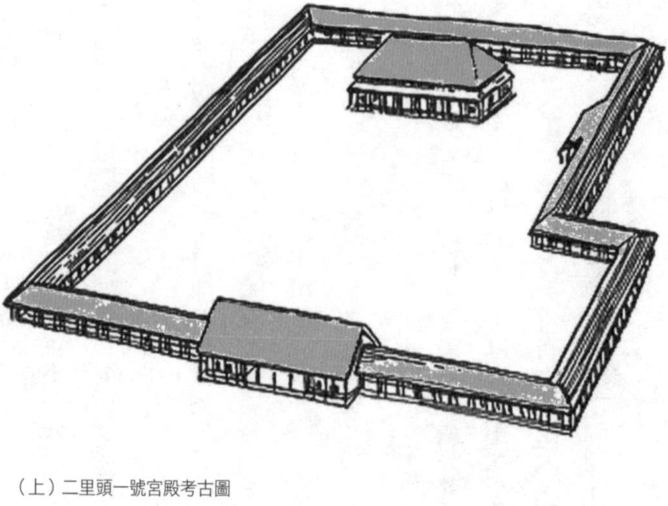

（上）二里頭一號宮殿考古圖
（下）二里頭一號宮殿還原圖

套完整的梁柱結構就撐起一塊空間，那就是「堂」，建築由這樣一個一個「堂」組合起來，所以是「堂間」。

「三十三間堂」是日本京都一處有名的觀光景點，名字就說明了該建築引人注意的重點，那是由三十三間「堂」一字排開形成的長屋。因為牆都不承重，所以三十三間房的空間可以全部打通，連續展開。堂間建築不只是隔間不承重，外面的牆也通通沒有承重功能。所以，日本的傳統建築都可以將所有的牆拆下來，徹體通透。建築與庭院之間可以完全沒有牆壁隔絕，人坐在屋內廊下，就直接面對庭院，產生了特殊的空間美學。如此的堂間建築才造就了今天日本的「和式」風格。在中國的堂間建築與日本的和式建築裡，西方建築概念中的牆都是可以拆掉的。

這種建築原則竟然可以遠溯到夏代。堂間建築樣式和夯土有關，就是靠夯土將柱子牢牢夯進一層層堅實的土裡，柱子才有辦法承受那麼大的重量，而不需靠牆來承擔。如果不是配合夯土來立柱子，如果柱子承重有限，我們可以想見，這個文明的發展一定很快就會動起讓牆來承重的念頭了。

這種宮室建築樣式從夏代開始一脈相承，持續發展，到了小屯挖出的遺址，我們看到夯土層上留的柱洞有複雜的排列，而且深淺不一，顯然藉由立起粗細不同、高矮不同的柱子，建築物的表面與內部空間已經可以有各種變化。再下來，宮室就從原來的一間變成宮室群。小屯就曾出土一批宮室群，所有的宮室空間連成面積驚人的一大片宮室群。

周的建築風格和夏、商沒有什麼顯著差異。比較有意義的是，從西周考古遺址中，我們已經看到後來延續兩千年之久的中國宮室建築標準的空間安排，包括其方位走向、各個建築主體聯絡與轉彎的方式，以及所圍出來的空間形狀。這套規範最晚到西周就已告確立。

中國的宮室建築從夏朝開始奠定基礎，有些根本元素一直沒有巨大改變。從出土的門軸石來看，我們確認當時已經有門，而且不是推拉門，是有門軸的轉動門。那時也有完整的承霤[13]設計用來排放雨水。

06 宮室建築的炫耀威嚇意涵

不過有一些東西後來改變了、消失了。夏、商宮室建築中，一般都有「奠基坑」或是「奠基石」。在許多宮室遺址裡都能看到類似的現象。陝西扶風出土的奠基坑相對人道，裡頭埋有大約四十隻狗。鄭州商城有一個奠基坑是最恐怖的——許多與商朝有關的現象都很恐怖——裡面埋了四個人，年齡大約從十五歲到二十二歲。據後來的研究推測，這些人絕對不是死後埋下去的。把活人埋進奠基坑，有其特殊的意義與功能。

從宮室建築中的奠基坑讓我們了解到，在那個時代，夯土的進行應該帶有某種宗教上的神祕意義。伴隨著夯土的進行有特殊的儀式，而且顯然是需要用到「殉」的儀式，需要以生命為獻。

鄭州商城的奠基坑就是用了「人殉」。甲骨文中有很多關於人殉的記錄，數字最大的牽涉到兩千個人殉。商人那麼大手筆，可以一次以兩千人為殉。我們不敢說商人是否真的那麼殘酷，但可以確知夯土會用到人殉的儀式。

農業發展和工具精進帶來這個循環：透過戰爭和掠奪，把別的聚落的人搶回來；有了足夠多的人，就可以築牆；築了牆，就可以有效保護自己，別人無法來攻擊我，我可以更肆無忌憚地去侵奪更多的聚落，綁來更大量的人力，做更多的事。要維持這個循環，涉及一個關鍵因素，就是能從奴隸身上榨取勞動力，能有效地管理奴隸。

在這個脈絡下，奠基坑的現象就比較容易說明了。奠基坑是對實際執行夯土工程的奴隸進行巨大且實質的恐嚇，以死相嚇。它顯示了奴隸主取奪奴隸生命的權力：你們的生命控制在我手中，你們乖乖築城才能活下去。

這也部分解釋了為什麼要有祭壇，以及為什麼夯土也運用在祭壇上。如果就商朝的例證來看，祭壇最重要的目的是祭自己的祖先，是要展示：我能打贏你，你該聽我的。我們之間誰強誰弱，是由超越的力量來決定，是在另一個領域中，我的祖先比你的祖先強（我比你強，已經證明

13 承霤是裝置於屋簷下的長形槽具，用來承接雨水。《禮記・檀弓上》記載：「既葬各以其服除，池視重霤。」

了這一點），你別妄想有一天你有機會拿我怎麼樣。

夯土必須運用龐大的人力，其人力來源和奴隸掠奪有關，因而夯土也就具備了高度的社會階層區劃的象徵意義。祭壇援引祖先的超越權威，展現給築壇的奴隸人口看，作為馴服他們的重要手段。宮室建築也不只是有財有權的人要提高自己的生活水準，而是也有著強烈的炫耀、威嚇之意。宮室建築必然是稀有的，又必然是難以建造的。

出土的宮室建築基址幾乎都是方正的，中國人很早就注重方位，因為方位牽涉到祭壇的一個功能——授時。授時是一種與農業有關的季節觀察推衍，作用在於估計農作物播種和收成的最佳時間。要能授時，真正依賴的不是祖先降乩，而是透過方位觀念掌握季節變化。

甲骨文裡有「授位」官名，商朝遲至武丁之後，朝廷裡已有專門掌管方位的人。要測出精確的方位，並在上面立起嚴格的幾何形狀建築，難度是很高的。況且宮室建築要有很嚴密的夯土基礎，才能讓柱子立起來，柱洞可以在地底留存幾千年，至今出土時仍然清楚明白，可以想見其工程的嚴謹程度。而且，我們可以從出土柱洞還原出當時柱子驚人的承重能力。

這一切都是為了讓宮室建築與一般的建築拉開距離，兩者之間能有一段可望而不可及的巨大距離。

07 城牆林立、方國形成的時代

鋪陳了上述的脈絡，讓我們再回頭談談城牆。一旦有能力進行夯土，有能力築夯土牆，就可以為自己的聚落帶來較高的安全保障。不過夯土牆也就隔出了非常清楚的聚落界線。古籍裡其實留下很多線索，只是過去缺乏考古資料的提示與佐證，前人很難沿著線索復原古代原貌。

譬如「邑」這個字，在古文獻中頗為常見，許多古地名都有這個字。與夏朝有密切關係的地名多有「邑」字，如安邑、西邑夏。後來周人曾一度把商人稱為「大邑商」，此時周國力衰弱，必須討好商人。「大邑商」顯然是敬辭。

「邑」指的是聚落，《論語．公冶長》裡有「十室之邑」的說法。邑不會是個大單位，它就是居住的社區單位。不過《周禮》中有對於「邑」和「都」的區別，有王和王室的叫做「都」，沒有的就叫做「邑」。顯然「邑」和「都」有相似之處，只在是否有王室居住來做區別。

《爾雅》中有一句：「邑曰築，都曰城。」過去從字面上解讀都很牽強，很難明白其意。今天配合考古發現才變得清楚可解。我們有理由相信，《爾雅》留下來的是比較古遠的說法，這六個字講的是：要成「邑」，一定先要「築」。築是夯土的配備，換句話說，先築了夯土牆，才能夠成邑。若是要構成一個更大的「王都」，那麼牆的規格要求就更高，需有完整的「城」。

為什麼要特別注意這個「邑」字？過去我們對於古代中國的想像，尤其是夏、商、周三代，一般都援用後來的情況，把它想像為眾多鄉村聚落散布各地，再由一個巨大的中央朝廷來統治。可是考古遺跡愈來愈明白顯示，夏、商、周三代的聚落居住形式，其城牆的比例遠超過這樣的想像。依照目前考古得到的資料和證據來看，三代應該存在著城牆林立的特殊景觀。

在戰爭和農業掠奪快速變動的環境中，原來分布在黃河流域到長江以北這塊區域的眾多部落，在幾百年間因應調整著。大部分的聚落必須擴大到可以築城的規模，才有辦法安全生存。因為任何因素無法築城自保的聚落，財產就被掠奪，人就被抓走去幫別人築城了。

這是一個普遍城牆化的時代，或者用蘇秉琦先生的說法，是一個「方國」[14]形成的時代。原先分散的聚落如今一一造起城牆，形成一個一個「方國」。鬆散、眾多的聚落，開始進行集中組合。

依照古籍的提示，大概從夏代開始，中國的聚落組織形式有了大幅度改變，幅度最大、最重要的改變就是出現了以「城」為中心的較大型聚落，進而構成較大型的區域單位。新石器時代中晚期的聚落形式是「滿天星斗」式，那是中國文明起源的基本形式。依照歷史學家宋鎮豪先生的計算，上古時期這塊地域的人口，在夏朝時約兩百多萬人，商朝時約五百萬人。[15]他是以幾個比較完整的新石器時代遺址，例如半坡、姜寨等為基準，按照一個人約占一百六十平方公尺的分布空間標準來推算的。

讓我們如此假設，這塊區域在夏朝之前約有一百萬人口，分散在類似半坡、姜寨的聚落裡，每個聚落平均有兩百位居民左右，也就是要有五千個聚落分散其間。夏朝的出現也是中國國家的出現，促成了地理上的巨大變動。一個只有兩百人的聚落沒有能力築城，不可能保衛自己。農業興起之後，在戰爭與掠奪的環境中，他們必須開始集中。

假設這邊有一個聚落吞滅了相鄰的聚落，藉著掠奪來的人力，有辦法築起一座城。別的聚落害怕了，或許就選擇過來依附，取得住進城內獲得保護的權利，於是這座城就變得更大。類似的狀況在各地發生，聚落的數量大減，分布型態也變成以城為中心的點狀分布，每座城外圍有一片曖昧的空間，殘留著一些沒有加入別人，也沒有被征服的聚落，他們和鄰近不同的幾個城都維持著友善和平關係。

這樣的新模式促進了各種新石器文化間的聯絡與影響，但也產生了高度緊張與高度競爭的互動。或許就在這種狀況下，出現了三個規模最大的系統（夏、商、周），它們的宮室蓋得最大，城牆蓋得最高，能掌握到的人力最多。

14 可參考蘇秉琦，《中國文明起源新探》（瀋陽：遼寧人民出版社，二〇〇九年）。蘇秉琦將中國古文明分為「古國」與「方國」，方國相對於古國，是比較成熟、發達、高級的國家。依照他的區分，紅山文化時期是古國的開始，夏家店下層文化則是方國的開始。

15 可參考宋鎮豪，《夏商社會生活史》上冊（北京：中國社會科學出版社，一九九四年）第二章〈人口〉。

08 「國」的本意：城牆內外的分野

中國國家組織應該是如此起源的。起源時的一些元素一路傳留，一直到春秋戰國時期，寫入了現在還能看到的眾多古籍中。前面提到了「邑」，在春秋戰國的文獻中，還有一個更重要的字，是「國」。這個字也是長期被誤解的。我們太習慣「國」就是「國家」，一個主要的政治單位名稱，比如晉國、楚國、燕國的「國」，因而忽略了這個字的原意。

經過考古資料的提示指引，我們現在明瞭了，「國」最早是為區分城裡的人和城外的人而產生的。

到了孟子的時代，還有「國人皆曰可殺」（語出《孟子．梁惠王下》）的用法。翻成現代白話文，我們自然會覺得是「全臺灣的人都說應該要殺某某某」，然而這種想當然耳的翻法卻錯失了當時的原意。今天所講的「國人」，和那時候講的「國人」大有差別。在孟子的說法裡，「國人」仍然是一種身分，而不是一種泛稱。

「國」這個字，是從城內城外分野的本意開始，慢慢擴大其意義的。國指的是方國，是一個以城為核心的地方。譬如宋是從被稱為「宋」的這座城為中心，而宋這座城是商遺民被移過去而定居設立的城，先從城開始，然後由城的內外範圍而有了國。屬於宋城的人是宋的「國人」，有別於外面的「野人」，再衍生才有由宋的「國人」所構成的宋國。宋國擴張了，「國」的指涉意義進而超越了城，才比較接近我們今天理解的國家疆域的意義。

秦滅六國統一天下，因為秦是從封建制度的「國」的基礎建立起來的，其統轄範圍擴大到原有的周天下，於是「國」又取得更大的意義，和朝、朝代的指涉愈來愈接近，乃至重疊。

釐清「國」字後來的擴張變化，還原其原本和城市、城市生活息息相關的本意，重新用城市生活的角度整理古文獻中的「國」，我們可以讀出許多不一樣的、有趣的訊息。我們會發現，城牆、城市生活在古代中國扮演了多麼重要的角色。

09 地理空間和血緣想像空間的疊合

在中國古代文明的起源過程中，曾有這樣一個「夯土時期」。夯土時期與夯土的變化是我們追溯夏朝的重要線索。依照考古資料的提示，夏之所以成為最早的共主，成為中國的第一個朝代，是因為夏人最早在夯土、築城與築宮室的技術上獲得了巨大突破。

有能力蓋城牆與宮室，當然就有很大的本事去掠奪別人，也有優勢的條件將掠奪來的人力，利用種種威嚇讓他們臣服。依照這個看法，夏、商關係最可能產生的衝突，就來自夏朝後期，因為某些未能確知的因素——有可能來自本身文明傳承的發明和突破，當然也有可能來自偷取了夏人的技術——商人的築城技術大幅成長。

商人築城技術的成長反映在早商的歷史上，商人多次遷都，就是一次又一次換築新的城池。商人取得了夏人原來奠定國家基礎最重要的法寶，於是可以對抗夏人。不過一時之間，商人還沒辦法打敗夏人。而商人真正超越夏人的勢力，要等到下一個階段，商人掌握了一項夏人不曾有過的文明超越，那是一套精細而複雜的宗教信仰，以及一套如何展示其宗教信仰、凸顯信仰威力的方法。這部分發展就牽涉到文字的發明與使用。這是比對夏文化與商文化可以明顯看出的巨大落差。

將文字作為一種符號概念，考古上找到過許多「前文字」或「準文字」的跡象。例如西安半坡的陶器上開始有各種刻畫，到了馬家窯文化出現類似後來甲骨文上使用的一套計數（數字的刻畫）系統，也是刻畫在陶器上。我們尚未能確定這兩種計數系統間的關係。

可惜，考古上還找不到甲骨文的前身。甲骨文是相當成熟的文字系統，照理說應該有頗長的演進過程。別的地方都看不到甲骨文的前身，讓我們懷疑這些過程遺留可能都隨著早商文化層壓在黃河沉積土底下了。如果是那樣，我們就有更強烈的理由將文字劃歸為商人的特殊發明，或許很長一段時間內，只在商人文化圈中進行著試驗。

還好已經出土的甲骨文字數量很多，可以提供對於中國文字起源的很多思考路徑。例如從整理甲骨文，我們得到對中國文字的一項明確認知與理解是，中國文字應該是從氏族名稱、氏族標示性質發源的。甲骨文中有很多這類的字，金文中更多。

從商朝銅器上拓下來的金文，表現出兩項共同特色：第一，保留了高度的圖畫性，像是亞醜[16]氏族的族徽；第二，這些符號印記幾乎都與家族、氏族有關係。

文字和氏族是怎樣聯繫上的？一旦開始築城，有了前面解釋的築城帶來的社會組織分化，那麼一件重要的事就是分辨城裡的人和城外的人，此外也要分辨城裡的一般人、有權力的人和沒有權力的奴隸。最大的分別標準是血緣。最根本的分別方式是顯現血緣身分與血緣關係。

什麼樣的人可以作為「國人」住在城裡？通常要靠氏族身分來決定，因此氏族標示非常重要。大部分的城裡大致會分出一個主要的氏族，這個主要的氏族據有城內的宮室建築。如果一座城內有超過兩個不同的主要氏族，通常會反映在宮室建築分布上。西安半坡與臨潼姜寨可能就是不同的血緣群聚居一地。幾個不同的房屋群面向中間一塊空地，占據不同方位的宮室有不同的氏族含意。

藉由氏族，中國開始實行一種有了城牆之後的新組織模式，講究彼此的血緣關係，用來確定城牆應該保護誰。血緣關係和城的居住型態、居住模式結合在一起，就產生了一個效果：城是氏

16　亞醜是商代中期以後的強盛部落，與商王族保持著結盟關係，至西周早期為成王所滅。

族的中心，氏族血緣隨著婚姻生殖擴張時，連帶產生了相關聯的地理發展。原初、核心的氏族成員住在城裡面，血緣上比較遙遠的、在城裡住不下去的就住在城邊，再遠的就只能住到城外了，如此一圈一圈向外。

古籍裡明白分辨：牆以內是「城」，牆外面叫做「野」，野的外面叫做「林」，林之外叫做「鬱」。這個系統一方面是地理、空間的系統，一方面也是氏族的系統，空間遠近同時代表氏族關係的遠近。

中國很早就發現、建立起一種文化習慣，讓地理空間和血緣架構──血緣的想像空間──疊合在一起。顯然這樣的組織有其簡潔、方便、有效之處，所以就傳承下來，而且普遍被襲用。不過，將這種組織方式發揮到淋漓盡致的，不是夏人和商人，而是最西邊的周人。

10 三代競逐，本事各有不同

我們可以用一條新脈絡來看待夏、商、周。原先的時間縱軸關係必須加入不同空間分布的關係。從距今四千年前一直到三千年前，這一千年間，夏、商、周之間的確發生了共主更迭的變化，然而三種文化在這段時期內有很長時間是重疊並存的。

這三個民族後來會被記錄為中國起源的「三代」，主要因為各有本事。在那一千年中，這三個民族、文化處於競爭狀態，彼此競逐究竟誰能用更有效的方式組織更多的人口，獲取更多的資源。就是在這種競爭狀況下，夏、商、周各有所長，而他們發揮的長處不只讓他們得到共主地位，還留存了很長時間，變成後來中國文明的基礎。

夏人最有可能的重大突破是將夯土技術用於興建城牆，改造了中國新石器時代聚落的形式，讓它變成以城為中心，向外放射，重新編組人口分布為城間、城邦關係。

商人基本上是一個鬼神民族，他們擅長運用人所不能理解的現象進行恐嚇，將許多不同的氏族收編在旗下。掌握鬼神現象，要追求超越力量對人間的介入，所以才有了那樣的青銅器，也才有了文字。文字與占卜關係密切，文字本身就是神力的媒介。

周人則是在夏人發動的城邦改革過程中，最早或最有效地將地理空間和氏族血緣原則疊合在一起，巧妙運用氏族組織力量兜攏人力資源。周人最後為什麼能夠「翦商」，取商人的共主地位而代之，很大一個因素源於商的「祖甲改革」[17]。

傳統上，商人相信祖先是現實世界的真正主宰者，祖先構成了一個外於現實卻能操控現實的

17 祖甲為武丁之子、祖庚之弟，商朝第二十五任君主。祖甲即位後，創造了「周祭」之法，使商人的祭祀系統更為嚴密。

鬼神世界。不過，這個鬼神世界究竟長什麼樣子，誰在裡面誰不在裡面，本來是很複雜而混亂的。混亂有混亂的好處，讓人有自由解釋鬼神世界的空間，今天我要攻打你，當然說你的祖先不在我的祖先的神靈領域裡，所以我一定會打贏你；明天我想跟你和解，就可以改口說你們家的鬼也可以和我們家的鬼共處，你家的鬼和我家的鬼其實在「那裡」感情也滿好的。

這樣的空間被「祖甲改革」給限縮了。祖甲改革的重點就是建立一個鬼神系譜，只有這幾個祖先是被承認的，確定下來後不能輕易再改，變成一個封閉系統。這就和周人的氏族組織原則形成強烈對比。追溯自己的親戚、親族關係，只要追得夠遠夠廣，幾乎可以將所有人都納進來。周朝便是靠著複雜的親緣、聯姻和親族關係，構築了一套極有彈性的夥伴系統。

祖甲改革後，商人的對外態度是：你們家的鬼都不能進來我們這裡，我們不承認你。周人的對外態度則是：算來算去我們都可以算作兄弟，兄弟之間什麼都好談。商、周之際的變化，其實就是這兩種態度造成的勢力消長。事實證明，周人贏了。周人贏了之後，進一步將氏族組織確立為封建制度，於是奠定了中國後來的家族系統與家族制度。

夏、商、周三代離我們很遠，中間必定隔絕許多後來造成的誤解。藉由考古資料的協助，我們盡量排除這些誤解，發現三代還是有意義的，不需要像疑古派那樣徹底推翻三代的意義，甚至直接否定三代的存在。三代確實留下了許多很根本的文明遺產，至今規範著中國社會底層的習慣和信念。

我們不該再沿用一種靜態的中國文明觀，總以為中國文明一開始就這樣流傳至今，而要探索、知道這過程中有很多變化，有很多有趣的互動。例如夏、商、周的競爭與兩次改朝換代之際的變化，絕對是歷史研究的大題目。可惜，我們今天對於夏、商之際仍然了解得很少；但對於商、周之際，已經有了很豐富的知識。

第六講

古代文字與古代信仰

01 文字：一套共用的符號系統

文字與文明發展關係密切。人類文明的起源，不見得非要有文字不可，可是文明要能累積，要能加快變化，就要靠文字了。我們不能用今天的概念去想像新石器時代變化的速度。一件事情要傳播並發揮影響，耗費的不是一兩年，不是十年、二十年，甚至不是五十年、一百年的時間，而是動不動就五百年、一千年。

人類文明逐漸加速，變化的時間尺度（time scale）逐漸縮小，關鍵就在於文字的出現。文字使得累積和紀錄成為可能。在過去，很多東西必須在不同地方被重複發明。例如大部分的原初文明都懂得運用輪子，但輪子在各個文明中幾乎都是獨立發明的，同樣的發明程序重複了幾百次、幾千次。每一件事都是從試驗、錯誤中做出來，要不然就只能藉由人的移居緩慢地傳播出去。

還不只如此。發明、發現過的東西也很容易就被遺忘、遺失了，不保證一定會傳到後代。很多重複發明都是發生在同一個社會的代與代之間。

文字的出現改變了這種情況。文字作為一種記錄工具，本身也慢慢在發展，愈變愈有用，愈變愈複雜，複雜有用的文字才能承載複雜有用的訊息。人類文明是藉由文字的發明與運用，才進入到另一個階段。只要在同一個文字圈，前代乃至別人的發明一旦用文字加以記錄，就可以傳下來，藉文字記錄學習，省掉重複發明的大量精力，也讓傳播的效應更快。

不過，文字的發明有其特殊限制。文字是一套共用的符號系統，必須要發明符號，而且這些符號的對應意義要讓大家普遍接受與認同。在自然的狀態下，不會有兩個人剛好發明出一模一樣的符號，然而文字要發揮功能，卻一定要大家都同意，有內在默契和共識。如果每個人都有自己的符號系統，那就不是文字，因為沒辦法將你自己的經驗記載下來讓別人了解，更無法讓後來的人了解。

古文明發展出文字系統後，大多很快就採取「表音」的原則，形成表音文字。至遲到新石器時代早期，人類就有了語言突破，懂得如何使用聲音來代表意義。語言是先出現的溝通工具，然後人類才開始試驗文字記號的系統。語言是聲音的，依賴的是聽覺，文字依賴的則是視覺。這兩種不同的溝通系統，在一段時期內重疊發展，自然會交雜在一起，讓文字符號能夠代表語言，代表聲音。

最有名的埃及象形文字看起來像圖畫一樣，甚至比中文更接近圖畫。但埃及的象形文字卻不是以圖畫、圖像來直接表達意義的。法國語言學家商博良（Jean-François Champollion, 1790-1832）解讀出埃及象形文字，關鍵就在於透過羅塞塔石碑（Rosetta Stone）——上面刻了一篇文告，用古埃及象形文字、古埃及草書（通俗文字）和古希臘文三種文字刻寫同樣的內容，可以彼此對照——再加上他對近東多種語言的深入認識和了解，耐心地查考比對，終於做出一張對照表。

Aa Bb Cc Dd Ee Ff Gg
Hh Ii Jj Kk Ll Mm Nn Oo
Pp Qq Rr Ss Tt Uu Vv Ww
Xx Yy Zz
1 10 100 1,000 10,000 1000,000 1,000,000
\ ` 0 - = [ ] # ' / .
, | ! " $ % ^ & * ( )
_ + { } @ ? > <

古埃及象形文字對照圖

對照表顯現的，就是每個象形符號都代表一個聲音。這些漂亮、精巧的圖畫仍然不是字母，但確實是表音的符號。

那麼，美洲的馬雅文化有沒有文字系統呢？到現在還是個謎。馬雅文化中有很多圖像和圖形，張光直先生曾和一位研究馬雅文化的考古學者共同寫過一篇論文，比較馬雅的圖紋和中國商朝青銅器紋飾之間的異同。[18] 或許那是類似紋飾的東西，但也沒有人能否認那一定不是某種原始的圖像文字。

02 唯一不走表音路線的中國文字

在這樣的背景下來看中國古文字，那可真是神奇！照理講，在歷史學的規範中，應該盡量避免問負面的問題，我們努力解釋發生的事，卻不能問：這為什麼沒發生？那為什麼沒出現？負面

18 可參考張光直，〈中國古代文明的環太平洋的底層〉，收錄在《中國考古學論文集》（臺北：聯經，一九九五年）。

問題很難檢驗，也就很容易淪為天馬行空的隨意亂談。然而在文字發展上，中國文字幾乎是唯一的例外，不像別的文字有非常清楚的脈絡與發展通則，所以我們不得不破例問一下：為什麼中國文字沒有走向單純表音之路？

一般在沒有其他強大力量介入干擾的情況下，人類文明在語言和文字關係上很容易用後起的文字符號來表達先已存在的語言。那麼我們必須如此假設：在中國，應該有一個強大的力量衝擊，阻擋了和其他文明走同一條路。

中國文字為何如此獨特？這要從起源上去探究。說起來很難想像，我們今天能掌握的中國文字資料，比起一百年前的人多了百倍千倍。這些資料絕對不是這一百年來發明的，而是很早就出現過，但後來消失沉埋了。

目前能有把握解讀的古文字系統，只有一個文明，只有一個社會，其文字系統沒有走表音的路線，那就是中國古文字。其他不完全表音的文字系統，幾乎都和中國的文字系統有關係，像是日文，以及現代文字改革之前的韓文，其非表音的記號都來自中國的漢字。除此之外，其他文字系統基本上都是表音的。

我們可以想像埃及文字的轉變。剛開始，文字從圖畫中脫胎出來，大家看得懂圖形模寫的東西，知道圖案的意思。可是，用具象方式來表達一定會碰到兩個麻煩：第一，世界上要表達的東西那麼多，如果用刻畫的，那得畫多少不同的符號？第二，有很多東西沒有具體的形象，又該怎麼畫？

面對這兩大困難，埃及人發現，比較有效的方式是讓「人」的圖像同時代表語言中「人」的發音，讓「鳥」的圖像同時代表語言中「鳥」的發音，圖像和語言如此配合，其作用範圍就大大擴張了。看到符號，就唸出那個音，如此有限的幾個符號就能代表並記錄所有的語言內容。

理解幾千年來的中國文明，不能不考慮中國文字的作用。中國的文字系統在教育和訓練上，遠比大部分的文字系統來得艱難，必須投注長久時間與反覆練習才能掌握。如此一來，就使得這套文字系統很早就具備了比其他文明的文字更明確也更強烈的階級劃分意義。也就是說，識字或不識字的差距在中國更大。因此，你必須是社會有錢有閒的既得利益階級，才有機會去學習這麼複雜的一套文字系統；既然只有少數人能擁有，少數人必然要擴張自己身上的這種文字特權。所以長期以來，中國社會對文字的尊敬遠比其他文明來得深刻，也在文字上附加了最多、最豐富的意義。

例如臺灣客家莊還保留了幾座「敬字亭」，那就是源自尊敬、崇拜文字的態度，因而規定寫有文字的東西不能隨便丟掉，要拿到敬字亭去燒。寫有文字的東西有一種無法言明的神力，不能隨便將之丟棄。敬字亭的基本信念當然也關乎對書的崇敬，乃至對讀書人的崇敬。

正因如此，更讓人難以置信的是，對文字傳統如此尊敬的一個社會，其古老文字起源最重要的寶藏，竟然被遺忘、埋藏了幾千年，以至於到它重見天日時，幾乎沒有人認識那是什麼。這被遺忘、被埋藏了的，就是甲骨文。

03 甲骨文其實還不夠原始？

目前出土編錄的甲骨文，大概是在西元前十七世紀到西元前十二世紀時使用並書寫下來的。大部分甲骨文都是從安陽殷墟出土，其斷代時間從盤庚遷殷開始，確定是在距今約三千七百年前到三千一百年前之間，是商朝王室所使用的文字。出土並刻有文字的甲骨片數量龐大，到目前為止已超過十萬片，不過其中有很多是碎片。

《甲骨文合集》[19]中涵納了四萬多片甲骨的刻字，整理出四千多種不同的字。其中藉由參考《說文解字》等傳統字書，並比對各種古代文獻及青銅器上的金文，目前大概只辨識出一千多字。這一千多字在甲骨文中出現，後來傳留進入中文系統裡。換句話說，還有約三千個字沒有進來，後來失傳了。這一千多個可以辨識的字，就是我們今天對於三千七百年前到三千一百年前那時代的人最直接的認識。

甲骨文是理解中國文字起源及其發展變化最重要的寶藏。不過，研究甲骨文有其困擾與困境。第一項困擾是甲骨文畢竟還不夠原始，其文字符號及使用方式應該已經有很長遠的發展過程。所以，我們必須另眼看待甲骨文，那是中國文字開始的結束，而不是開始的開始。那是一套初始文字發展到最高峰的結果。我們利用這套結果呈現，得以設想並探問：到底是以什麼樣的力量，費了多少時間，到了西元前十七世紀發展出這樣的甲骨文系統來？

保守估計，總要五百年、一千年，才有可能讓一個文字系統發展到擁有四千多個各式各樣不同的字元（characters）吧！這四千多個字到底怎麼來的？我們原來以為甲骨文是中國文字的起源，只要解讀了甲骨文，就能明瞭中國草創時期的文字組構方式。結果不是。我們明白了，殷墟甲骨文絕非草創期的文字，我們必須繼續祈禱，將來或許還有機會找到在甲骨之前的文字痕跡，真正解開最早文字之謎。在那樣的材料出現之前，我們只能用現有的甲骨文，配合後來的發展模式，回推到底發生了什麼事。

豐富的甲骨文帶來的第二項困擾是，我們很難確定它的適用範圍。如果它很粗糙，我們比較容易假想其有限的用途（也許這套文字純粹運用在占卜上）。然而，甲骨文字系統如此豐富複雜，雖然我們擁有的證據都來自占卜用的甲文與骨文，但誰敢說這些文字不會用在別的地方？誰有把握這套文字就是占卜用的，說不定我們只挖掘到占卜用的痕跡，其他的至今沒有發現呢？

這麼複雜的一套系統，由少數幾個卜人（專門負責占卜的人）發明和使用，感覺上好像不是很合理，然而偏偏我們手上沒有任何證據，看到這套文字在占卜之外的運用。因此，在解釋中國

19 《甲骨文合集》（北京：中華書局，一九七八—一九八二年）由郭沫若主編，胡厚宣總編輯，中國社會科學院歷史研究所編，共十三冊，選錄甲骨四一九五六片。

文字起源和發展時，我們不得不有一種主張，說明中國文字與甲骨、占卜之間的關係究竟是什麼。中國文字就從占卜一路發展出來，而且商朝就只用在占卜上？抑或這是一套普遍的文字系統，除了占卜以外，還有很多不同的應用領域？選擇不同的主張，我們對中國文字的來源和發展，就會有不同的詮釋和判斷。

04 甲骨文的意外發現

極度敬重和崇拜文字的一個文明，卻任由最早的文字埋藏在地底三、四千年之久，一直到十九世紀末才得見天日。發現甲骨文最關鍵的年分是一八九九年。

在此之前，中藥裡有一種藥材叫做「龍骨」，那顯然是將動物骨頭的化石研磨入藥。有幾個地方盛產龍骨，如廣西、雲南、廣東的西邊，北邊有山東半島沿海地帶。這些地方都是因為地殼隆起而造成地質變化，將原來埋藏在土地裡的動物骨骸封存入更深的地底下，變為化石。今日在中國研究古生物化石最理想的地方，便是廣西、雲南、貴州這一帶，這一帶甚至出土了極為重要的恐龍化石。

然而在十九世紀後半葉，竟然是在這些傳統中心之外的河南地區發現了龍骨。這地區發現的龍骨被賣到中藥店時，有些中藥店的人注意到了，挑剔它們怎麼看起來像是被小孩塗畫過的。最早挖到這一批龍骨的一個農民，不得已只好進行「加工」。他挖出一塊龍骨，只要發現上面有刻痕，就拿刀想辦法把它刮掉，然後再拿去賣。可是加工過的龍骨還是賣不到好價錢，因為人家就說：「這上面怎麼會有亂七八糟的刮痕？為什麼你不拿完整的龍骨來？」

這位農民很苦惱，覺得好不容易有個發財機會，挖到了龍骨，卻偏偏是劣質的龍骨。於是他對周圍的人抱怨：「龍骨挖出來時，上面就有這些刻痕，不是我也不是小孩弄的啊！」

這件事在一八九九年（清光緒二十五年）傳到了關鍵人物王懿榮耳中。任國子監祭酒的王懿榮和幾個朋友——包括金石學家羅振玉和《老殘遊記》作者劉鶚——在聊天時聽到這個消息，他們意識到那些有刻字、有刻痕的龍骨可能不是簡單的東西。接著他們找來了河南那邊龍骨的一些拓片。這些學過古文字，從金石學入手碰過金文的人，覺得這些文字看起來很不尋常。王懿榮是大官，就出了一筆錢將河南的龍骨悉數收購。

王懿榮收了這批龍骨的隔年就發生「庚子事變」，八國聯軍攻入北京。事變中，王懿榮投井自殺殉國。王懿榮死後，一度沒有人敢接收他的這批龍骨，因為傳言這些從地底下挖出來的東西上面有字，想必是不祥的咒語，不小心的話會把災厄弄進門。還好有一個人不信，接收了王懿榮所有的龍骨，那個人就是劉鶚。

在思想與個性上，劉鶚是個與當時清末社會格格不入的怪人。劉鶚仔細整理王懿榮的龍骨，

安陽卜骨圖

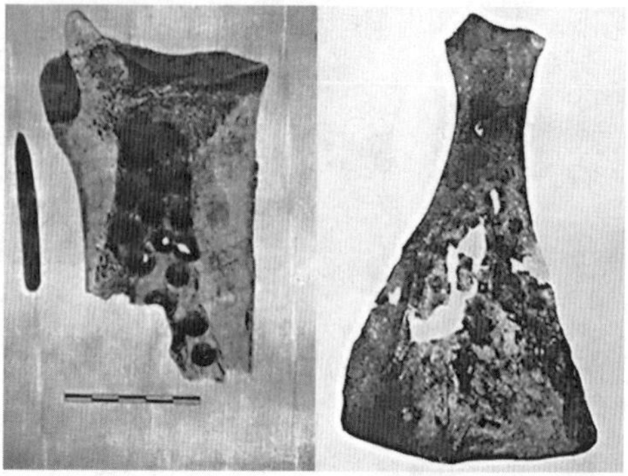

二里崗卜骨圖

出版了一本目錄《鐵雲藏龜》（劉鶚字鐵雲），這是中國甲骨文字研究上第一本重要的書。

《鐵雲藏龜》的出版，引起了羅振玉的興趣，開始比對研究從《鐵雲藏龜》裡拓出來的這些字，與金文、大小篆之間的異同。另一位投入研究的人是王國維。王國維在學術推斷上最是膽大心細，他寫了一篇論文，明白宣告：《鐵雲藏龜》中蒐集的這些文字，應該是金文之前或與金文同時期的中國古文字。事後證明，他的判斷完全正確。

平常我們都是甲、骨連講，稱「甲骨文」，但是別忘了，甲和骨是兩回事。骨通常用的是牛肩胛骨，少數也有用鹿的肩胛骨。早在二里頭文化，甚至更早的大溪文化，就已經有用牛肩胛骨或鹿肩胛骨進行占卜的證據。二里崗是早商的夏文化中心的重要遺址（商人已經征服了夏人，但是夏人繼續居住在原來的地區），也發現許多類似的東西。鄭州二里崗出土了不少卜骨。為什麼知道那是卜骨？因為這些骨頭有一面被青銅鑽具鑽了一個洞，而且有燒炙痕跡。鑽洞造成骨頭厚薄不平均，在鑽洞處加熱，骨頭另一面很容易就會出現裂痕。解讀裂痕的形狀與走向，來占卜求取答案，這顯然是新石器時代後期就開始出現的一種人類預知吉凶的方式，而且廣泛流傳。

在安陽出土了特別的卜骨，後面已經鑽了洞，但前面卻沒有卜痕。這告訴我們，卜骨要先進行整治，一次可能整治一批，以備需要時使用。此外，一片卜骨通常不會只鑽一個洞，一個洞占卜一次；一塊卜骨、卜甲不只用一次，可以重複多次使用。

05 卜骨、卜甲告訴我們的事

在與商朝無關，或無法確認是否屬於商朝的遺址中，出現的都是卜骨，沒有卜甲。只有在與商人、商朝相關的早商、中商，尤其是晚商時期的遺址中，才有卜甲。卜甲是商人獨特的標記。用卜骨來占卜，很可能不是商人發明的，然而商人在運用別人發明的占卜方法時，加進了不一樣的成分，用龜甲作為透顯神喻的主要媒介。

從卜辭上看到的地名，可以整理出商朝後期的疆域範圍。由考古觀察得知，商朝、商人從早商的丘，然後到鄭州，到晚商以安陽為中心，而卜辭所見地名也不出這一帶。目前出土的卜甲，都是在這一帶發現的。

安陽有兩大發掘成果，一是青銅器，其原料來源偏處西方；二是龜甲，最新研究提示，商人使用的卜甲來自中國花龜。在他們居住的環境裡沒有那麼大量的花龜存在，大部分必須從別的地方運送過來，甲骨文裡也留下了一批批進奉龜甲的記錄。這兩樣東西的存在，幫助我們畫出了商人可以控制、影響的廣大區域版圖。他們必須掌握這些地區，至少掌握這些地區的生產，以及聯絡安陽的運輸路線，才有辦法在安陽創造出這樣的文明。

卜甲中較常見的是腹甲，就是海龜肚子下面的那一塊。腹甲沒有背甲那麼厚，也就比較容易鑽鑿。然而腹甲有一個缺陷，不小心會裂成好幾片，所以也有用背甲的。不過如果用背甲，就必須先打磨，整治之後才能拿來當作卜甲。

卜甲的背面大約有十幾個鑿痕，每個鑿痕燒一次，在正面製造出一道卜痕。卜痕旁邊就有甲文，用以記錄並說明為什麼要卜。卜骨上所刻的字，已經出現了傳留至今的習慣，由上而下，再由右到左；但卜甲上面的字不一樣，其寫法是由上而下，然後由外側寫到裡面，所以右側的卜甲文字就由右往左排，左邊這一邊的則由左往右排，這是在卜甲上寫字的慣例。

有一批挖掘出土的卜骨，上面有刻字，但沒有任何卜痕。這一批卜骨讓研究者很困惑，因為上面的字特別難辨認。甲骨文有三千多個今天無法辨認的字，其中有不少就出自這一批卜骨。許多甲骨字典中會對這批卜骨上出現的字另外加注標示，因為有很多字和我們整理出的甲骨文基本文法不相符。考古學家陳夢家的猜測[20]應該是最合理的，他認為這批應該是「練習骨」，練習刻字用的，所以字常有錯，而且字與字不見得連綴成文。

大部分的字刻在牛骨和龜甲上，但有一小部分卻刻在人骨上。我們在商朝的人骨工坊裡找到上面有字的骨片，這些人骨——包括上面刻寫的字——顯然和戰爭有關。透過甲骨文資料，我們對「殷末征人方」這件古文獻留有記錄的事，增添了許多驚人的理解。

每一次出征打仗都要占卜，與戰爭相關的消息傳來了也要占卜。在祖甲、祖乙的時代，最常有的占卜辭諸如：卜未來十天吉利不吉利？王一占，占說十日之內可能有禍，不到第十天就有「驗」——消息傳來，人方攻打了我方的哪一個邑，如何如何。

藉由整理這些資料，我們知道了商朝後期和人方、鬼方的爭鬥極度慘烈。甲骨文上留下了一口氣殺掉兩千多名俘虜的記錄。

20　可參考陳夢家，《殷墟卜辭綜述》（北京：中華書局，一九八八年）。此書寫於一九五四年，被稱為甲骨文研究的百科全書。

06 甲骨文隱藏的氏族祕密

關於中國文字，甲骨文告訴了我們什麼？第一，甲骨使用已有固定規則，從問卜到刻辭都有規範，而且愈到後來規範愈嚴格。一塊骨、一塊甲會反覆使用，到了祖甲改革之後，建立了以十天為一旬的規律，所以每一片龜甲一定鑿十個洞，每十天用掉一片龜甲。一片留有十個卜痕的龜甲，並不會留下十條刻辭。卜旁最常見的只是寫上「貞人」——負責占卜的人——的名字，至於有卜辭的，往往都是「王占」。

我們可以藉此復原占卜可能的程序。輪值的貞人負責卜一件事，如果卜出來的結果正常、沒事，那就好了，頂多在卜痕邊簽記名字；但若出現特別的卜痕，就得呈給王。真正決定吉凶的不是貞人，貞人是技術人員，解釋能力有限，王才是真正的占者、最後的解讀者。王解讀了特別的卜痕之後做出解釋，那就要將解釋的內容刻在卜痕旁邊。解釋都牽涉到未來的預測，所以過了幾天有了「驗」，果然如此發生了，就要再將事實補記在卜甲上。

先有徵兆，然後有占，然後有驗。只要是王占的，大部分都是對的，都會有驗。所以這不只是單純占卜程序，還有政治與權力上的重大意義。卜不是件簡單的事，所有的商王都是真正的卜人，或者說，是真正的「巫」。這也是為什麼張光直先生用「薩滿教」來說明商人的文化。

卜辭內容很多，天象有卜，氣候有卜，祭祖要卜，出征要卜，去旅行也要卜。一部分的占辭保留在《易經》中。《易經》裡有些卦辭爻辭和卜辭很接近。卜辭已經是一套成熟的文字系統，有固定的寫法和固定的文字排列順序，也就是有了文法，當然不是文字的起源階段。

那麼，文字的起源究竟在哪裡？還好在甲骨文裡，有一個地方意外透露了一點線索。卜骨有頭有尾，骨尾指的是太厚而無法鑽鑿的部位；卜甲也有甲尾，那就是龜甲邊緣，一樣因為太厚而無法鑽鑿。特殊的是，很多甲尾和骨尾的背面都有刻字，那些寫在背面的字通常很簡短，而且許多都無法辨認出來。以前這種字被通稱為「貞辭例外」或「例外貞辭」。「例外」是指不符卜辭慣例，既不依隨卜痕又刻在背面。至於「貞辭」，是因為人們認為這些字應該是貞人的簽名，所以叫「貞辭」。

可是，後來進一步研究發現，甲文、骨文中有貞人的簽名，出現在正面的貞人名字與骨尾留下的字樣又很不一樣。於是有了另外的猜測，主張那或許不是貞人，而是負責整治甲骨、進行鑽鑿的人留下的簽名。誰整的、誰鑽的都有記錄，到時候如果得不到應有的卜痕效果，就知道該找誰算帳。

然而陳夢家先生察覺到一個特別的現象，就是「⊥」這個字。古文獻將這個字解為「示」，是「示」的前身或異形。陳夢家主張，金文與甲骨文中的「示」字，和「氏」字是相通的。於是「貞辭例外」、「例外貞辭」裡看到的「⊥」，就可以解成「氏」。

如此一來，很多事情就都通了。骨尾和甲尾出現的一些字，找不出後來相應的字，卻可以在金文裡發現類似的字形或符號。那些金文符號本來就被視為可能是族名或族徽，其功能是標示氏族，別無他意，所以後來就隨著氏族的沒落而消失了。

古文字學家丁山先生所著《甲骨文所見氏族及其制度》[21]一書中，他整理了一個表，把甲骨文裡所有看起來像是氏族名稱的字全部列出來，並歸納其中牽涉的種種規律。丁山先生整理的氏族高達一百四十五個，在這所有的氏族名稱中，最常出現的是「婦」，「婦族」或「婦氏」。安陽殷墟出土的「婦好墓」，就是這族人的一座墓葬。

這很可能藏有中國文字最重要的起源因素。我們如果看金文，尤其是中商與晚商青銅器，有銘文的比例不是那麼高，可以辨識為字句的銘文尤其罕見，但是常有高度圖像性的符號，且是個別、單獨銘刻的。過去很難確認這到底是圖畫還是文字。郭沫若開啟了這一條解釋的路，將這些金文中的單字看作族名或族徽。經過丁山運用卜骨、卜甲符號比對後，證據看來愈來愈堅實，那種圖樣式符號應該是用於氏族辨別。

中國前文字、類文字和準文字系統的出現，來自於要辨識你是什麼人，你和我的關係究竟是什麼。例如金文上常見的「亞」字徽，外面一個「亞」字徽，裡面再加上其他不同符號。「亞」字徽最有說服力的解釋是：這是用來標示「大邑商」範圍內的氏族，由商王賜「亞」。如果你跟我夠好，對我夠重要，那麼就賜你可以使用「亞」字徽圈在你原來的族徽外面，肯定並標示你我之間的親密關係。任何有「亞」字形圍在族徽外面的族，都是與商人最親近的。

07 族徽：中國文字最有可能的起源

讓我們按照時間順序排比一下關於文字起源的推論。

中國新石器時代的發展，從有農業進入到戰爭和掠奪。戰爭掠奪過程中，夏人率先在夯土技術上有所突破，因此引發了中國新石器時代後半期，也就是夏朝時的築城運動，人口紛紛重組歸納。人口重組的過程中，也就必然進行人口的劃分，包括：築了這座城之後，誰可以住在城裡？誰必須住在城外？城內的人如果有紛爭時怎麼辨？

顯然到夏朝時，中國的主要社會組織就已經是環繞著氏族血緣原則了。因為有分辨血緣血統的需要——那個時候的人沒有身分證和戶籍謄本，甚至還沒有我們今天意義的姓氏——就必須找出方式來標識我自己的人，以及我與他人之間的關係。這個時候就發明了族名，發明了族徽。

族名、族徽很可能就是中國文字的起源。今天任何一個人在命名時，如果沒有特別想法，最容易隨口取的名字是阿貓、阿狗、阿牛，如此我們就可以了解，為什麼在氏族族徽中會有那麼多

21　可參考丁山，《甲骨文所見氏族及其制度》（臺北：大通書局，一九七一年）。

象形的、與大自然有關的東西。那是自我稱號，也就演變成某個族類的標記與代表。一個氏族用族徽來自我標示，在那個氏族劃分格外重要的時代，這個方法很快影響了其他部族，大家紛紛立起族徽。

族徽累積愈來愈多，還會依照氏族間的關係牽動族徽變化增生，像「亞」字徽就是很好的例子。累積、變化到一定程度後，才逐漸由族徽轉變成我們今天認知的文字。這些符號擔負起了別的意義記錄與意義傳播的功用。

這個變化中有一個關鍵，顯然有一群人，一個特別的民族，在這裡發揮了作用，帶頭進行從族徽變成有意義文字的轉化。這個部族最有可能的當然就是後來建立商朝的商人。在這件事情上，和在青銅器的運用上一樣，商人有高度的文明貢獻。

而且青銅器和文字的發展，恐怕是密切相應的一體兩面。青銅器最重要的用途，是要和另一個超越世界的祖宗溝通。要建構起一套兩個世界，或者說多個世界之間的權威層級（hierarchy），誰的祖先權威高，其子孫在現實世界就比較有權力，而族徽正是記錄祖先血緣代代延續關係的工具。商人因為強烈的祖宗信仰，對於血緣極為重視，有最強烈動機在自己的族徽和人家的族徽上做文章、動手腳，從而慢慢從族徽發展出文字系統來。

如果文字系統的確是從族徽來的，就會牽涉到後來中國文字發展的一項關鍵問題。族徽本來是氏族的名稱，通常源於該氏族的自稱，所以應該相應是有聲音的。我們從文化人類學中得到的規律，一個族語言裡「我」的代稱或「人」的稱號，通常就是其族名。例如蘭嶼達悟族稱

「人」，就叫做「達悟」，所以他們是達悟人。因此，照理很有可能族徽會有聲音上的關聯，那麼語言與文字在商人進行的這一套改革與變化中，是一種什麼樣的關係？為什麼中國文字沒有走向表音文字？理由顯然埋藏在這段發展過程裡。

08 記錄神祕經驗，與巫術有關的文字系統

我們稍微對照讀兩本古書，然後回頭看，可能會看得更清楚。

一是《尚書》，一是《詩經》。尤其是《尚書》中的〈盤庚〉，《詩經》中的〈商頌〉，還有《詩經．國風》裡的〈豳風〉。傳統六經的排列是《詩》、《書》、《易》、《禮》、《樂》、《春秋》，其中《詩》、《書》、《易》、《禮》、《樂》都是從西周傳下來的，是西周貴族教育最重要的教材。對這些西周「王官學」內容，中國傳統讀書人討論過一些奇怪且讓人不解的地方，例如《尚書》內部篇章有頗大的差別，部分篇章詰屈聱牙到不可思議，即使你將《論語》以降的中國古籍都讀懂了，《尚書》裡還是有很多篇章讀起來像天書一樣。

又如《周易》顯然用了兩套很不一樣的文辭系統。〈卦爻辭〉和〈易．繫辭〉讀起來完全不

是同一回事。〈易．繫辭〉的文辭絕對是春秋之後的產物，那麼卦辭、爻辭是什麼？怎麼來的？

其實最大的差別存在於《尚書》與《詩經》兩者使用的文字。今天你翻開《詩經》，立刻能感受到那是一種和語言、聲音關係密切的藝術，「關關雎鳩，在河之洲，窈窕淑女，君子好逑。」文字、語言上聲音的對偶、流盪，清清楚楚。而且大部分《詩經》中的篇章，只要對古文有些基本認識，很容易就能讀、能理解。《尚書》就截然不同了。像〈盤庚〉中那樣的文字，怎麼讀都覺得困難，感覺與後來的文字不是那麼親近。

以《尚書》與《詩經》作為對照的文本，我們可以合理推論：《詩經》應該是中國文字和語言系統一次大膽、突破性的結合試驗。換句話說，一直到《詩經》成書的年代，大概在西周的早、中期，透過周人的努力，想盡辦法將已有的文字符號一一賦予明確的聲音與音值，然後用這些字去記錄流傳下來的語言。或許是民間的語言，也可能是錢穆先生主張的貴族士人的語言。

從這個角度看，《詩經》在中國文化與歷史上最重大的意義，在於它是律定中國文字聲音基礎最早的文本。也就是說，從《詩經》以降，中國文字符號才開始有了確定的聲音，才和語言發生確定的關係，才能和語言配對。相對地，《周易》的〈卦爻辭〉或《尚書》中年代最古遠的篇章，其文字和語言的關係就要疏遠得多。

並不是說那些字一定不能讀，一定沒有連帶的讀音，而是那些字的存在目的，不在於要讓人能夠一讀出來就知道是什麼意思。它不是語言的記錄，更不是語言的翻版。文字模仿、記錄語言的作用，要到《詩經》之後才有的。否則我們很難解釋，為什麼從《尚書》到《詩經》，古代中國的語言會發生那麼巨大的改變，從語氣到語法全都變得不一樣？

最有可能是因為，中國文字是在商人的手裡成形的，所以沒有走上表音的路。從一開始，文字就有一種神祕兮兮的姿態，主要是為了記錄神祕經驗而創造出的符號。文字是刻意被保持其神祕性的，因為這牽涉到商人統治的基礎。

別人占卜都用骨，商人就刻意不用骨或少用骨，而選擇了其他民族無法用、不會用的龜甲來占卜。這清楚宣示著：我的勢力及於遠方，而且我控有你們沒有的東西。用龜甲占卜，然後在龜甲上面刻字，這同樣是為了宣示商人的獨特性。

青銅器、龜甲、文字都一樣，都指向商人具備祕密管道，擁有祕密權力，可以和另外一個世界超越的、巨大的力量直接溝通。在這種狀況下，商人當然不會希望他們寫的卜辭，以及記錄卜辭的這套文字輕易被理解。那是與巫術有關的一套祕密系統。

舉個現實的例子，可以讓我們更容易理解。現在還有道教的「符仔」，道士鬼畫符畫了半天，那些線條圖形唸得出來嗎？或是被「三太子」附身的乩童，他在沙盤上東畫西畫，會剛好畫出我們都看得懂的文字嗎？當然不會，如果那樣就不需有旁邊負責解讀的人，也就失去了其神祕說服力。就因為他畫的不會有任何人看得懂，旁邊那個人說什麼，才格外讓人相信。

09 文字：商人神權統治的工具

從這個角度去理解中國文字的起源，以及中國文字最早的用途，很多奇怪的現象會變得比較不那麼奇怪，像是文字與語言的分離。畢竟一直到今天的道士符咒，雖然看起來很像文字的某種變形，它就是不能唸的，和語言無關的，就算有道士唸符，唸出來的也一定不會是我們日常聽得懂的語言。別人不懂，是符咒存在的根本前提。

這是商人重要的權力來源，基本上他們建立的是神權統治，這就一定需要這些別人無法輕易破解的東西。文字是少數統治階級所掌管的神祕物件，握在商人手裡，對他們而言非常重要。

我們也可以進一步了解，周人什麼時候開始對商人產生威脅？其中的一項關鍵就在於周人不曉得透過什麼管道，學會了這套文字系統，可能也學會了商人運用這套文字系統與祖先溝通的方式。當起於周原的這一股新興勢力逐步向東侵逼商人，與商人進行長期拉鋸對抗的過程中，他們學會了如何造青銅，學會了如何刻繪青銅器上的種種紋飾，不過周人後來愈來愈不重視紋飾，因為他們發現商人其實更在意的是文字。所以當周人學會了文字，就將文字刻蝕在自己的青銅器底下並展示出來。

那是周人對商人最大的威脅。「看！你會的我也會了，你說靠著這個可以和你神力強大的祖先溝通，祖先的神力因而可以為你所用，現在我也可以靠這套神祕系統和你的祖先溝通了！」

照此解釋，我們就能進一步理解周人與周文化的基本個性，以及這套文字系統到了周人手中，產生了怎樣的變化。最大的變化出現在西周早、中期，翦商成功後，周人有機會發展自己的文化，同時也發展了自己的文字。

周人的個性和文化走向，跟商人極度不同，這就是《詩經》出現的重大意義。商人開啟其端運用的這套文字系統，在周人手中和神權分離了，走上一條不同的人本、人文道路，包括要讓文字與一般語言結合。但這套文字系統畢竟已經成形，甲骨文終究包含了四千多個字元，那是一套複雜、完整的表意系統，沒有道理也沒有辦法縮減這個系統，去構築純粹表音的功能。

正因為前面商人不以現實溝通為目的，而以作為神權基礎的方式來運用文字，奠定了中國文字的特殊性質。這個商人建立的神權文明維持了很長時間，光是小屯殷墟跨越的時間大概就有三百年，然而，如此輝煌的神權文明終究還是垮了，被周人取代。取代了商朝的周人並不完全是外來者，他們繼承了商文化，卻又創造出不同重點與性格的另一種文明。

周人之所以能夠征服商人，就是因為他們走了一條和商人很不一樣的道路。他們強調很不一樣的權力概念，其核心是「天命說」，就是新儒家學派學者徐復觀先生提出的「人文精神的躍動」[22]，變成以人為主，建立一個比較接近於人的政權。

22 可參考徐復觀，《中國人性論史（先秦篇）》（臺北：臺灣商務印書館，一九九九年）第二章〈周初宗教中人文精神的躍動〉。

周人繼商人的神權文明而起，繼承了神權文明中原本為了鞏固、維護神權而設的國家工具（state apparatus）。一方面使用這些國家工具來維持自己的統治，另一方面又對這些工具進行質變的改造，其中改變最大、最明顯的就是文字。

雖然我們不能否認甲骨上的這些字可以有對應的音，然而那樣的聲音指涉可能比較接近咒語，不會和當時的日常語言結合在一起。直到周文化，才逐步讓每個字有一個日常語言的音值，讓文字系統和日常語言系統結合在一起，也才完成了今天我們所熟悉的這套特有的中國文字符號。這套文字建立在表意的基礎上，加上部分聲符作為輔助，成就了人類文化多樣性方面意義最為深遠的一套系統。

第七講

鬼氣森森的商朝

01 甲骨商世系和古書記載的對證

了解商代的文化與歷史，除了考古挖掘出來的器物外，我們還是得回到古文獻學上，重新整理古文獻所留下來的種種資料。

出土了十多萬片的甲骨，並不意味著就有了十多萬件的新史料告訴我們商代的歷史。甲骨、甲骨文片片段段，需要予以重組才能找到有意義的紀錄。即便是有意義的，也限制在很小的範圍內，記錄當時的人特定的一小塊活動。

如果只看甲骨文，這些現象與文字能告訴我們的很有限。另外還有一種史料，是在上千年的時間中，一代一代傳鈔下來的古文獻說法。這些史料必然經過改寫，不可能一直維持原樣，而且中間會有很多缺漏。

流傳下來和商代歷史有關的材料，包括《竹書紀年》、《世本》等。《世本》原書早已亡佚，但我們還能在其他古書如《禮記》、《山海經》等注釋中找到片段的句子。清代學者將這些殘留斷片收在一起，呈現出對於商代或先周歷史的古老描述。

在出土的甲骨中，王國維最早發現了記載有商代先祖名稱的「商世系卜骨」，那是將兩片卜骨殘片拼在一起構成的。然而兩片拼起來之後，這骨文仍然不完整。比對《史記．殷本紀》和

《世本》殘文，王國維主張，這片卜骨上寫的就是商人祖先列表。後來近乎奇蹟的，董作賓竟然又在過眼整理的數萬片甲骨中，找到了可以補上「商世系卜骨」殘缺部分的第三片。

三片拼合後，成為「商世系三片」，上面的文字清楚證明了《史記．殷本紀》中的商代先公先王名字，是有所本的。

「商世系三片」上的世系表是：嚳→契→昭明→相土→昌若→曹圉→冥→王亥（振）→王恆（亙）→上甲（微）→報乙→報丙→報丁→主壬→主癸→大乙（湯）。從這個排列可以清楚看出，以王亥為分界，之前和之後的先公先王名號不太一樣。王亥之後，甲、乙、丙、丁、壬、癸、乙，名字裡都有「天干」排序，而王亥的「亥」也是後世「地支」中的一個。

比對《世本》中有一個句子：「相土作乘馬，亥作服牛。」相土和亥都是商人先公，而「乘馬」、「服牛」被特別標舉為他們的功績。此外，《山海經》中有一段故事提到王亥帶領了牛群，到了「有易」，他的牛群在這裡被奪走了。《易經》中有兩個卦出現「有易」，一個是第三十四卦「大壯」，辭中有「喪羊於易」；另外第五十六卦「旅」則有「喪牛於易」。

雖然史料很有限，但這樣對證起來，給了我們基本的理解空間。王亥是商人發展上重要的領袖，而留在商人記憶中，王亥的功業和牛羊畜牧有關。在王亥這一代經歷了商人發展上的大挫敗，他們和一個名為「有易」的部落或方國起了衝突，衝突的焦點也是牛羊。

我們還在甲骨文及古文獻中，找到上甲微——排在王亥後面的先公——又和「有易」爭戰，或許就是要為王亥所受的挫敗復仇。

02 商人的本事：對動物的馴服與操控

根據甲骨文上的記錄，王亥有特殊地位。卜問主要是以事問上天的祖先，請他們提供答案，有些時候，甲骨文中會載明這次問的是哪位祖先。我們發現被指定來解答疑惑的祖先中，王亥排名很高，甚至比大乙（也就是商湯）還要重要。

透過王亥，我們看出商人興起的一個線索——他們是最早在畜牧方面取得成就的民族，其文明的突破一部分來自掌握了對動物的操控能力。從相土到王亥，他們有效地馴服了牛、馬這類的大型動物，讓這些動物非但不是威脅，還成了人類的幫手，為人類所用。

在《世本》的殘留斷片中，有一句話是「鯀作城郭」。鯀是大禹的父親，也就是夏的先公。對照考古資料，我們有愈來愈多理由相信，夏人的崛起和夯土築城的技術及成就密切相關。而後來得以挑戰夏人的商人，在後世記憶中，其能力則和動物緊密連結。

到春秋戰國之際的文獻《管子》，裡面還有「殷人之王，立帛牢，服牛馬」的字句。「牢」顯然指的是圈豢，那個時代的人仍然記得商人的長處在於找到了方法，將牛馬馴服並養在「牢」中，讓牛馬為人類服務。

古文獻中和夏人有關的，經常都有明確的地名，地名中有城有邑。相對地，提到商人先公先王時，卻都記錄他們不斷遷都的事。有名的「盤庚五遷」，有一種說法是盤庚一世中就遷了五次；另一種說法則是：到盤庚遷都，已經是商人第五次重要遷都。不論哪種說法，都清楚顯現了商人的移動習慣，以及他們具備的高度移動能力。

為什麼要搬來搬去？還有，為什麼能搬來搬去？《尚書．盤庚》中留下了盤庚試圖說服、近乎威嚇族人遷徙的文辭，其中盤庚並沒有明白指陳必須遷徙的理由，不過他反覆表示，如果繼續在這個地方留下去，會受到上天懲罰。他強調，商人過去的領導者都盡心盡力為族人選擇最好的棲居地，所以經常搬遷，要他的族人們不要懷疑他的決定。

商人先公傳下來的經驗與智慧，很可能就是牛、馬等大型動物的畜牧，無法長期居留在同一塊地域，因為牧草生長很快會趕不上牛、馬的繁殖消耗。還有，一直聚居在同一個地方，牛群、馬群互相感染疾病的機率也會隨之升高。

或許商人崛起的過程中，原本是習慣於放牧移居的。但擴張到一定程度後，也開始學習發展農業，在農牧並進的情況下，出現兩難選擇的困擾。農業加上從夏人那裡學來的築城工藝能力，使得定居的動機愈來愈高，但定居形式又必然妨害他們賴以起家的牛馬畜牧，因而產生了盤庚必須訓斥、說服族人搬遷的情況。

那是新舊衝突的緊張。盤庚按照舊方法、老智慧，為了畜牧需要，不能在一地久待，但他的族人們開始依賴農業，又得到城牆保護，變得很不願意放棄既有居地，到別的地方重新來過。

03 商人的本事：遠距移動能力

商人在東方崛起，很可能和畜牧的本事有關。另一個重要線索是安陽出土的甲骨文，其中看得出「卜旅」相當重要。「旅」有兩重意思，一是「旅行」，二是「軍旅」，兩者重疊之處在於長程移動。在那麼古遠的時代，長途移動絕非易事，到了商代後期，商人卻經常在移動，需要經常卜問「旅」的吉凶。

另外，商人用卜甲而不只用卜骨，也指向他們高度的活動力，尤其是成熟的運輸條件。青銅器的鑄造亦如是，四處的銅礦和錫礦，要能歷遠送到安陽來。為什麼商人要特意發展這些需要運輸條件配合的事物？因為這個民族興起之初，靠的就是「服牛乘馬」[23]，懂得用別人不會的方式馴服動物來為人類服務。他們當然就有強烈動機不斷強調自身的特殊本領，彰顯和其他部落、方國間的差距。

安陽殷墟挖掘出一種車馬坑，而且不只一個地方發現有馬有牛被埋在裡面殉葬。牛、馬之外，還有鳥獸坑。甲骨文記錄的祭典中，最多有一次用到三百頭牛的。安陽出土的獸骨數量也的確非常驚人。車馬坑是將一整架製作精美的車，加上拉車的活馬一起埋進去的。為什麼這樣做？顯然也是在炫耀，商人有這種車馬運輸能力，而且能夠拿這麼多牛、馬、鳥獸作為犧牲。

再舉一個可能的相關例證。《史記》將周之前的朝代叫做「殷」，其歷史記錄在〈殷本紀〉中。而今天我們通用的名稱則是「商」，「商」比「殷」來得普遍許多。整理甲骨文時，研究者就發現一件令人驚訝的事——找不到商人自稱為「殷」的記錄。

「殷」這個名稱是周人用的，而且帶有貶義。周人要表現和商人親近，表現對商人的尊重，就用「大邑商」；若要表現敵對與輕蔑，才用「殷」。商人自己就是叫「商」。顯然，「殷」這個名字是勝者為王的結果，在周人戰勝商人之後，隨著周人的語言習慣而留下來。

周代早期仍是「殷」、「商」並用，但到東周之後，「商」愈用愈少，「殷」愈用愈多。兩個名字的消長，另一個關鍵因素在於，「商」和「商人」在此時有了不同的意義。

拿我現在寫的這章內容來說，通篇一而再、再而三地出現「商人」，隨便讓人瀏覽看看，恐怕不少人會以為是從財經書裡摘出來的吧！現代中文裡，「商人」只有一個意思，就是做生意的人。「商人」指做生意的人，早在東周時就已形成，不過那時候更嚴格、更精確些。有句成語叫「坐賈行商」，意思是固定在一個地點開店鋪做買賣的，叫做「賈」；那種跑來跑去，將貨物從這裡買運到那裡賣的，才叫做「商」。

雖然沒有明確的直接證據，但經過比對，我們有理由相信這中間的關聯。傳統的解釋是周人

23 《易．繫辭下》有「服牛乘馬，引重致遠，以利天下，蓋取諸隨」句。

克殷之後，周公將殷遺族流放，所以他們就轉行去做生意，「商人」變成了商人。

我們現在可以將字義的重疊推得更遠、更緊密些：行旅、運輸早早就是商人自我標榜的民族印記。他們懂得用動物的力量進行遠距移動，這項長處後來就成了行商的基礎，於是此「商」和彼「商」有了同樣的稱呼，或者說，民族稱號的「商」就轉變為行業稱號的「商」了。

04 商人的本事：善於組織與二元統治

前面提到，王亥以下，商先公世系表出現了特殊的規則，每位先公的名字裡都帶著一個天干（甲、乙、丙、丁……）名稱，這些甲、乙、丙、丁代表什麼？

有一件事是確定的，從甲骨文資料看得出來，商人的記數系統已經很發達，已經出現十進位的「天干」和十二進位的「地支」，以及結合天干、地支所形成的六十循環系統。「天干」所構成的十天為一單位「旬」，是這套系統的根本。因此，我們看到甲、乙、丙、丁……，直覺猜測應該和「旬」的記日方式有關。

整理甲骨文祭祀資料時，發現一件顯然不能用巧合解釋的規律：湯（太乙）的祭通常落在

「乙日」；同樣地，上甲微的祭就落在「甲日」。這種規律怎麼來的？一種可能性是，湯出生或死於「乙日」，因而得到「太乙」的稱號，從此他的祭典就都落在「乙日」。

這個說法遇到一個麻煩，那就是先公先王世系中的順序，從上甲微起是甲、乙、丙、丁、壬、癸。如果他們的名字來自生日或死日，那麼六代先公先王剛好排成這樣的天干順序，未免也太巧了吧？前一代出生（或死亡）在甲日，後一代剛好就出生（或死亡）在乙日，再後一代又剛好出生（或死亡）在丙日……，有那麼剛好？

真的太巧了，巧得令人難以置信，因而逼出了修正的說法。有考古學者主張，這份世系表是武丁時改革、整理後的結果。武丁改革的一項目的是整齊祭祀，所以就將古遠沒有留下確切生卒日期的先公們予以分派，第一代派在「甲日」，連帶稱「甲」；第二代派在「乙日」，連帶稱「乙」；第三代派在「丙日」，連帶稱「丙」……，以此類推。

後來，張光直先生發表〈商王廟號新考〉[24]一文，提出了不同的解釋。關於文中的主張，張光直先生後來又在英文著作《商文明》（*Shang Civilization*）中有進一步的補充與發揮。

為了質疑傳統說法，當時在耶魯大學教書的張光直特別跑去耶魯大學附設醫院，調出幾年間的新生兒出生記錄，將新生兒的出生日按照十天為一個單位，具體考察其分布狀態。其實以常識

24　可參考張光直，〈商王廟號新考〉，《中央研究院民族學研究所集刊》卷十五，一九六三年。

推論應該就猜得到，新生兒的出生日分布呈現大致平均的狀態。

那就和「商王廟號」大不相同。傳留下來的「商王廟號」最大的特色，就在於高度集中。同時張光直又發現了幾個特殊的分布規律。第一，兩代之間不會有重複的天干名稱，也就是不會有連續兩個同樣的天干名稱，前一個若是「甲」，後一個就一定不會是「甲」。第二，如果將各代廟號按先後順序分成單數代與雙數代，很清楚地可以發現，有些天干廟號從頭到尾只出現在單數代，有些則只出現在雙數代。

這些集中又奇特的規律，無法用出生日或死亡日來解釋。人無法選擇出生日，也很難選擇死亡日，源自出生日、死亡日的天干名號應該隨意分布，不可能出現這種集中與規律的現象。

由此，張光直提出了他的新主張：廟號代表的是不同的宗族群，而在商人的統治上，是由兩個統治集團輪流執政的。兩個統治集團各擁有幾個宗族群，這一代由這個集團執政，下一代就輪到另一個集團。顯然，有幾個宗族勢力特別強大，所以統治者通常從他們的宗族中產生，如此來解釋集中現象。兩集團輪流執政，解釋了為什麼沒有連續兩代用相同的天干廟號，以及為什麼有單、雙數代的分布規律。

張光直的新解，還可以和後來更明確的歷史記錄有所聯繫。那是周代的「昭穆制」。周人明確地在祭祀上進行隔代區分，以始祖居中，父居左為「昭」，子居右為「穆」。若這一代屬「昭」，下一代就屬「穆」，「昭」、「穆」輪替。祭祀時，兩個隔代集團各據左右，是很清楚的「二元組織」形式。

張光直認為，商人的組織中也有類似的「二元安排」。他會用這種眼光重新看待商代史料，一部分是受到當時人類學研究的影響與啟發。二十世紀中葉，「二元組織」或「二元社會」是人類學中的主流大題目。透過田野調查，透過像李維史陀對「結構主義」的詮釋，許多人類學家認為，在從部落到酋邦的發展中，二元制度（binary system）有其優勢，是最容易進行組織化，並讓社群擴大、避免衝突破壞的好方法。

分成兩個陣營，訂定彼此間共享利益與權力的遊戲規則，組織中就隨時有管理者與被管理者，不會失序混亂，而管理者與被管理者的角色又是交錯替換，也可以解決被管理者的不滿，降低反抗張力（反正忍耐一下，被管理者就可以輪替成為管理者）。雙方互為管理者與被管理者，管理時也就相對會有合理性，管理者較不可能欺壓被管理者，因為兩者身分是要輪替的。

由這樣的人類學觀念，張光直發現了商人崛起、成為共主的另一項條件。他們可能比其他民族更善於組織，更能妥善處理自己內部的問題，形成更大、更緊密的系統來運用資源，運用權力。

05 商人的世界觀：好處與毀滅的雙重存在

再從頭簡述整理一下歷史上可能發生的事。

在東方有這麼一個民族，他們在新石器時代後期，因緣際會有了突破性的能力，培養出馴服及畜養大型動物的特殊本事。如此產生的第一個效應，是增加了他們的移動力與運輸力。第二個效應，是刺激他們把對動物的掌控力運用在軍事上，又增加了他們的攻擊力和防禦力。

人類很早就發明了輪子，將運用輪子做成的車改由馬來拉，就能創造出前所未有的速度，並進行攻擊。這就是我們在殷墟中看到「車馬坑」最清楚、最具體的意義。商人能夠運用遠大過人的獸力，讓獸力為他們所驅策，如此一來，周圍的其他部落很難抵擋他們的勢力，打不贏有獸力協助的商人，不得不臣服其下。

在馴服獸力、運用獸力的過程中，商人必然和動物發展出特殊且曖昧的關係。我們今天看到、接觸到動物的機會，是餐桌上死掉的動物，是家中跑跑跳跳的貓狗鳥，是動物園圍欄裡的大象、長頸鹿……，我們很難體會動物，尤其是大型動物對人產生的恐怖威脅。

就算找到方法馴服這些大型動物，一項事實永遠在那裡——這些動物比人大，隨時可以傷害人。面對大型動物，那個時代的人類不可能是百分之百的主人，一方面駕馭動物，讓牠們為人服務；另一方面，也就必須害怕擁有巨力的動物，必須隨時提防。

在商人和動物的關係中，動物既是助手，也是威脅。人必須拉近和動物的距離，才能充分利用動物的力量；然而和動物愈接近，動物能施加於人的傷害就愈大，對人的威脅也愈大。當動物「翻臉不認人」時，人就在動物旁邊，跑都跑不掉。

換句話說，這樣一個民族隨時都和一個比自己更大的力量相處，藉由控制這股隨時可能轉過來毀滅自己的力量，而得以壯大、發展。這種心態就成了商文化的基礎底蘊，也是他們看待世界的根本模式。

人活著最重要的事，就在如何和比人巨大的力量協商與折衝。用對的方式處理動物，動物可以為人帶來眾多好處；然而一旦用了錯誤的方式，動物也會立即成為最可怕的毀滅之因。這樣的現實進入商人的想像，並且形塑了他們的想像。整個世界，也是這樣一種可以帶來好處，也可以帶來毀滅的存在。商人從祖先那裡學來馴服動物的能耐，祖先是重要的協助者，因此很自然地需要祖先來幫忙處理、應對這個世界。然而，一旦將祖先視為協助者，在他們的想像中，祖先也就自然取得了同樣的兩面性——可以幫助我們解決問題，但一不小心也可能翻臉變成毀滅者。

商人必須不斷小心翼翼地和祖先溝通，保證擁有祖先在超越領域中給予的保佑與協助。既是幫助也是威脅的雙重性，祖先和動物是一致的。於是，他們也就很自然地把動物想像為人間（此世）和祖先（彼世）的交流管道，因而在具有高度象徵意義、運用於祭祀和戰爭的青銅器上，就布滿了與動物主題有關的紋飾。

06 商代的人祭與視「羌」為獸

商人最早發展了和大型動物之間的複雜關係，這一事實顯然也影響了他們對於「人」，以及什麼是「人」的看法。

考古挖掘出的奠基坑裡有人骨，甲骨文中也經常出現人殉和人祭。小屯殷墟出土的墓葬坑中，依據甲骨學家胡厚宣的統計，扣除能夠辨認的墓主屍骨之外，一共出土了三千六百具其他骨骸。這還只是能算得出來的，有許多支離、竄亂、無法明確湊成整副骨骸的還有很多。

出土的墓坑一共有兩百多位墓主，卻犧牲了將近四千個人作為人殉或人祭。人殉和人祭並不一樣。人殉指的是和墓主有特殊關係，對墓主有特殊意義的人，在墓主死後一起被埋進去，等於是陪伴他去另一個世界。我們現在無從得知這些人是誰，也許是墓主的妻妾或童僕一類的人。

至於人祭，那是一個人死後為了讓他能上路，在葬禮上以人作為祭拜的犧牲。這種人在祭禮上的作用，和我們拜拜時用「三牲」基本上是一樣的，他們和墓主沒有關係，甚至在墓主的生活中，他們恐怕根本沒被看做是和墓主一樣的「人」。從生物的角度看，我們檢查那些骨骸，是人骨；但從當時的社會、文化觀念來看，他們卻不是人。

墓坑中，人殉骨骸通常保留完整，數量也不會太多。數量多的一般就是人祭，一堆骨骸雜亂放著，幾十具甚至上百具都有。這種骨骸很難還原，甚至連要算清楚有幾具都很難，幾乎只能依靠頭骨來計算，無法將一具具屍骸拼湊完整。當年下葬時，顯然就是毫無分別地草率堆在一起。

中國大陸解放後，史學家依循馬克思唯物史觀的五種社會型態論，講到古史一定要講「奴隸制社會」。人殉，尤其是人祭，就被視為商代是「奴隸制社會」的鐵證。也就是說，那些被草率埋進墓坑裡的是奴隸，是墓坑主人的財產。

這樣的說法有其道理，但值得進一步探索和補充。從甲骨文來看，早期最常被用在人祭上的是「羌」。今天我們日常語言中說到「羌」，是指山羌，是一種類似羊的動物。但在商代甲骨文中，「羌」顯然是一個民族的稱號，而且這個民族源遠流長，後來從「羌」的稱號發展出「姜」姓，在周代是個重要大姓。

甲骨文中明白記錄著當時經常以殺「羌」來進行祭祀。「羌」是商人征服的民族，是商人的奴隸嗎？讓我們先換個角度看，檢驗一下商人對外關係上的主要敵人。甲骨文上記錄，最常和商人有武裝衝突的是人方、鬼方、共方。而甲骨文中，我們不會看到商人以動物的名稱來醜化他們的敵人和對手。

這和後來周人的習慣大大不同。周人的傳統後來更進一步內化在中國傳統裡，是以人和動物的分界來抬高自我地位、凸顯自我中心。中國人是「人」，不是中國人的就是「夷」、「狄」、「犬戎」。周人用動物來命名這些他們眼中「不是人」的人。

商人不是如此。在甲骨文用字上清楚區別著，對待人方、鬼方、共方，那是「伐」，行動之前要進行的是關於戰爭、戰事的卜禮。然而，對待「羌」以及其他幾個今天無法傳寫為現代中文的民族，甲骨文的用字卻是「獵」，行動前的卜禮內容也是「卜獵」。

換句話說，在商人的世界分類架構中，人方、鬼方屬於人的範圍，羌卻屬於動物的範疇。因此那種殺了大批羌的祭禮，我們今天看來是以人為犧牲，所以是「人祭」，然而在甲骨文中就是「祭」。例如在「祖甲改革」之前，祭伊尹是重要儀式，祭儀中經常就列著「牛三百、羌五十」，牛和羌是並列的。

從現代觀念看，挖出墓葬坑，發現有人骨，也有鳥獸骨骸，我們很自然會進行區隔，這裡是人祭坑，那裡則是鳥獸坑。但從甲骨文來看，我們有理由懷疑這樣的分法。在商人的祭儀中，恐怕不是這樣區分的。

這裡關係到商人對待動物的基本態度。商人眼中的動物，是能為其所馴服、運用，置放在身邊，卻又不時可能帶來破壞威脅的。或許以這個標準看，羌就是一種人形的動物。人方、鬼方、共方，那是明確的異族部落，有時聯盟，有時衝突，彼此間是人的關係。但羌不是，羌和動物一樣，可以為商人所用，也經常被獵捕來為商人所用。

後期的甲骨文，尤其是祖甲改革後的甲骨文中，我們看到了曖昧、變動的跡象。在改革後的「彡祭」中，甲骨文會出現「羌二人」的記載，這是過去沒有的。過去羌就是羌，都是和動物、獸類並列，「羌五」、「羌五十」是制式的表達方式。這時候出現了「羌二人」，顯現商人看待羌的態度有了改變，經他們挪移進入「人」的範圍，不再像傳統上擺放在動物的領域裡。

07 商代對「人」的定義：有祖先撐腰

我們可以從甲骨文試著還原這個現象。商人和人方、鬼方、共方打仗，如果抓住了敵人，那是俘虜，可能變成奴隸。但若是羌等幾個特別的族，他們的族人是經常被商人刻意獵捕的，捕來就以對待動物的方式待之。

重點不在於外表的模樣，而在於商人的文化認定。對商人來說，「人」最重要的定義是有祖先，也就是有鬼，有鬼在後面幫助人，替人撐腰。所以叫「人方」的是人，叫「鬼方」的也是人，人和鬼是在一起的，人方、鬼方表示他們背後都有祖先，和商人是一樣的。「人方」之所以如此得名，可能就是因為人方與商有過共同的祖先，是商人的分支，在稱呼上保留了彼此共同起源的記憶。

商人相信，若是和人方或鬼方打仗，除了現實中的爭戰，在祖先居住的鬼域中，商人的祖先也和人方、鬼方的祖先爭鬥著。要打贏現實的戰鬥，就得確保鬼域裡的商人祖先比敵人的祖先更強、更有力。

相對地，什麼是「獸」？那就是獸的背後沒有鬼，沒有祖先會保護你，獸的存在只有單一現實層次，沒有複雜的人間與祖先兩個領域交錯互動。獸沒有自己的祖先，所以會被商人用來當作犧牲，不用怕獸的祖先來報復。

以獸為犧牲，商人相信，如此可以和祖先的魂靈更有效地溝通。「獸」扮演在人間與鬼域交流的角色。

商晚期出現了「羌二人」的說法，饒富意義。顯現本來被視為「獸」的這個族類，此時取得了「人」的地位。為什麼會有這樣的變化？應該是羌的勢力有決定性的加強變化，逼得商人不得不調整和他們之間的關係。最有可能的，就是羌在西方長期和周人聯盟，周人勢力愈來愈大，對東方的商人造成愈來愈大的壓迫，於是羌跟著水漲船高，從傳統上的獸升等為人。

過去商人理所當然地將羌視為獸，但羌和周勾勾搭搭，周是個商人絕對不敢小看的方國，絕對是「人」，是有鬼的「人」，必須認真對付。影響所及，商人難免心中嘀咕：那羌呢？羌的後面真的沒有鬼，沒有祖先嗎？於是新一代的商人面對新的局勢就動搖了，開始以人而非獸的眼光來看待羌。

商人藉由運用動物，建立起他們的勢力。他們有了能力後，第一，不斷擴張占有的領域；第二，不斷擴張他們能影響的範圍；第三，不斷累積他們能夠結盟或征服的對象；第四，不斷找到有效方法來組織新增的土地與人。在整個發展中，這四項條件缺一不可。

從王亥以下，商人建立了氏族間的二元系統，降低了內部的衝突與緊張。兩邊輪流執政，你有機會當老大，我也不會總是被你欺壓。我知道之後要換你管我，所以當我管你時，我不會無理地欺負你，因為很快你就能報復了。二元，而且只有二元，不是五個、十個宗族在那裡爭搶，大幅降低了衝突的可能性。

這種二元系統，可以一直不斷地往下運用。商人大系統分成兩個氏族群，氏族群再分成兩個次氏族群，彼此分享權力，交替擁有氏族群中的決定權。

二元系統的另一個好處，是可以和婚姻關係自然結合。兩個氏族群很自然成為彼此的外婚對象，你這群的人娶我這群的，總是如此交錯聯姻。一來清楚地避免了內婚禁忌，二來又可能讓兩個氏族群的聯繫更密切、更自然。

傳統上說，商人的王位繼承是「兄終弟及」。這個「兄弟」關係需要稍做調整和補充。在氏族群的二元系統中，甲族的領袖去世了，換成乙族執政，換的一定是乙族最強大、最有威望的人，這人顯然不會是個小孩，其輩分應該接近原來甲族的領袖。換句話說，如此二元輪替的執政，不會產生快速世代交替的效果，而是這一代兩群的強者輪完後，才會換成下一代接棒。這些掌權的王，不見得是親兄弟，只是從後世的王位繼承方式角度看，就變成了「兄終弟及」。

08 新、舊兩派的卜問差異與祭儀形式

二元系統也反映在董作賓先生所稱的「舊派」和「新派」不同的甲骨文形式上。[25]董作賓最了不起的貢獻，是將能找到的每一片甲骨耐心地繫年、繫月、繫日。如此細密整理後，他發現不同王在位時，有兩種不同的卜法，也有兩種不同的書寫卜文方式。他將武丁時期通行的卜法及卜文制度稱為「舊派」，而從祖甲在位時開始出現的另一套制度稱為「新派」。

舊派和新派的差別在哪裡？在武丁時期，我們看到商人是個高度迷信的民族，他們什麼都卜，什麼都要問，問在另一個空間裡的祖先。所有的「祭」都要卜問，問今天可以祭嗎？或是該哪一天祭比較好？出兵打仗一定要卜問。出獵，獵捕動物（包括羌）也要卜問。還有「旅」，王或什麼重要的人要到遠一點的地方去，也要卜問。犧牲，要殺牛或殺羌，要卜問。王的起居，今天的生活，要卜問。

另外一種有意思的卜問是「卜夕」。夜晚來臨時要卜，清楚顯現了先民對夜晚、對徹底黑暗的恐懼。還有「卜告」，這是什麼？是卜問這件事該不該去告訴先公上甲微呢？還是告訴大乙湯比較適合？適合問，適合這個時候問嗎？對待「鬼」，得小心翼翼，避免得罪。

此外還要「卜災」，問問會不會有什麼災難臨頭。商王都是通靈的大祭司，若他突然有奇怪

的不祥預感，就趕緊卜問一下，是否真有災難要發生。也要卜收穫，看看農作或動物的生長狀況如何。遇到特殊天象，日蝕月蝕，要卜。有家族、王族成員出生，要卜。王或身邊重要的人生病了，要卜。萬一死了，更要卜。王做了一個夢，要卜。天一直下雨，要卜。天老是不下雨，要卜。就算天氣正常也要卜，那叫做「卜好日」。

看起來，舊派簡直無所不卜啊！

那新派呢？新派之「新」，很重要的就是大幅減少了卜問的項目。依董作賓的整理，新派的卜問場合只剩下八種：卜祭、卜戎、卜獵、卜旅、卜犧牲、卜起居、卜旬、卜夕。其他那些卜生、卜死、卜夢、卜雨、卜好日……，都取消了。

相應地，卜問的對象也變少了。舊派卜問時，幾乎是每個先公先王都可以問，也都會被問到。然而新派自祖甲之後就縮減了範圍，只有上甲微以後的才納入卜問範圍，王亥以上的就不在諮詢之列了。

舊派卜問的對象不限於先公先王，還有「卜河」、「卜土」一類，顯然是以自然神為卜問對象。到了新派，就沒有這樣的卜問方式了。舊派卜問，也會以先公先王之外的名人為對象，如伊尹、巫賢等，新派也都不問他們了。

25 可參考董作賓，《殷曆譜》（上下冊），《中央研究院歷史語言研究所專刊》之二十三，一九四五年初版，一九九二年二版。

舊派的卜問有很高的即興意味，遇到了什麼事，看到了什麼，想到了什麼，都可以問。從卜問的項目到卜問的對象到卜問的時間，找不出明確的規律。新派則不然，他們將這些儀式做了一次整理，「祭」和曆法完整地結合起來。新派不隨便這個祭那個祭、今天祭明天祭，他們只留下五種固定的祭典，每個都有固定的日期。

這五種祭儀分別是：「彡祭」，「彡」字在甲骨文中顯示為一座鼓，旁邊加上示意鼓振動發聲的橫線，顯然祭典中是會擊鼓的；「翌祭」，字中顯現和鳥羽有關；「肉祭」，事實上就是「祭」，「祭」這個字的本意就是將肉供奉給神或祖先；「粟祭」，這和農作物有關；最後一個是「劦祭」，意思是所有不同的東西都齊聚在一起，協調圓滿。

這些祭儀都有其特殊形式，也有其個別功能。像是彡祭，儀式中咚咚擊鼓，帶來肅殺氣氛。從甲骨文上看，彡祭幾乎都要殺人，有的還要割鼻子、切腳、腰斬等，甲骨文中幾個字義上最殘酷的字，都和彡祭關係密切。

新派將這五種祭儀分布在一年中，有固定的順序。五種祭儀行完了、輪回來，也就表示一年過去了。新派對卜問和祭儀的改革，牽涉對應到曆法的改革。舊派的曆法從一月到十二月，若有閏月，就排在十三月。新派則將一月稱為「正月」，以凸顯其重要性；另外，不再把閏月排在最後面，而是分散在各月間，當太陽計日與月亮計日區別大到一定程度，就多加一個閏月，可以是閏四月，也可以是閏七月，而不再有十三月。

另外在卜文上，舊派只繫日，說今天是哪一天，例如今天是甲子日；新派則是計日繫月，會說今天是三月甲子日。舊派的卜甲或卜骨反覆運用，沒有一定規則，一塊卜甲或卜骨上，東一個洞、西一個洞，這裡問祭、那裡問打獵，什麼都在上面。新派的卜甲卜骨乾淨整齊多了，是專用的，例如「卜旬」，一整塊都是用來卜旬的，每十天使用一個洞卜旬一次，這塊卜甲不會有任何其他用法。

祖甲在位時，出現了新派的做法，因而稱為「祖甲改革」。但並不是從祖甲之後，新派就徹底取代了舊派。我們看到的是，有些王採用新派做法，有些王則回復舊派做法。

張光直先生對照後發現，採用新派或舊派做法，和他整理出的二元系統分布基本相符合。二元系統中，一個氏族群以甲族為最大，另一個以乙族為最大。屬於甲族團體的王在位，用的就是新派做法；相對地，屬於乙族團體的王在位時，都採取舊派做法。

這是商代二元政治系統存在的另一個明證。

09 商人鬼神信仰的動搖

新派和舊派有明顯的性格差異。祖甲進行的改革明顯強調一致的秩序，表現出對於秩序的一種潔癖。新派反對任性、隨機，追求讓一切都清清楚楚，什麼時候做什麼事、怎麼做，都有固定、可控制、可預期的規律。

但這樣的新派作風，失去了原本舊派所具備的彈性。在商人擴張的過程中，舊派制度很有幫助，正因為舊派無可無不可。多一項祭儀沒什麼不好，多問一位先公沒什麼不可以，要和自然神或非我族類的祖先溝通，也沒有阻止的道理。

可以想見，在這種無可無不可的態度下，商人很容易將聯盟或征服的異族予以收納、編組。別人的祭儀，很容易變成商人的祭儀；別人的神，也很容易就和商人的神平起平坐。用這種方式，商人可以象徵性地不斷擴張自己的族群，把不同的人收進來，成為自己人。

本來是異族異類，透過吸納人家的祭儀，再加上在人家的族徽上多圍一個「亞」字紋樣，異族異類就被收納進來，變成自己人了。這是商代勢力擴張的一大法寶。

祖甲改革之後，第一個影響是：祖先沒什麼事做了。舊派活在人和祖先密切交接的環境裡，祖先隨時都在，感覺祖先隨時可以干預人的世界，所以三不五時大事小事都拿去問這問那。祖甲改革卻將和祖先的交流溝通，包括卜問與祭儀，予以形式化。換句話說，卜問與祭儀不再是出於王或周遭活人的需求，真有疑惑要徵詢，而成了必要、固定的儀式，按照固定的方式，得到固定的結果。

那種人與祖先、與神互動的神祕感和不確定性消失了。舊派的環境當真鬼氣森森，感覺上鬼神和人的生活混和著，沒有絕對的界線區分。人預期鬼神隨時存在，隨時可以干預，因而也就必須不斷小心伺候著。新派齊整制度化之後，鬼神被推遠了，人們透過卜問、祭儀形式化地與鬼神維繫關係，但不再相信、也不再允許鬼神隨時隨地介入決定人間事務。

祖甲改革後，在新派制度中，人和鬼的世界開始分離。當「人」不再以「鬼」來規範和定義時，不意外地，羌的身分認定也開始移動了。本來商人眼中看出去，先由文化及傳統認定，看到羌是沒有鬼保護的，所以將他們列入「獸」的範圍；祖甲之後，鬼的標準淡薄了，商人眼中看到的，就變成羌的自然外型，重新認定羌是人而不是獸。

羌改換了身分，這不過是商人信仰系統動搖、改變的一個跡象。祖甲之後，新派勢力愈來愈大，商人和鬼的關係也就逐漸疏遠。這樣的改變，和周人的崛起同時並進著。而周人崛起的關鍵之一，便在於他們採取了和商人完全不同的世界觀。他們否定鬼的重要性，強調將問題放回人間與人的生活上來處理。他們和祖先沒有那麼密切的互動，寧可將精力放在現世。

商人原本以一套完整的鬼神信仰和相應的複雜儀式，恐嚇並迷惑了所有人，因而取得愈來愈高的權力。然而到了商代晚期，不知出於什麼原因，至少部分的商人（新派）自己開始懷疑這套鬼神信仰。他們在改變的過程中，大大減少了鬼神的影響，事實上也就大大削弱了自身的鬼神主張，連帶削弱了鬼神對於其他民族的威嚇。

這樣的動搖改變，給了周人機會。原先若要比控制動物，利用動物通天地、動員鬼神，周人當然比不過商人。然而當商人自己放棄了這份優勢，還原到人間領域來，過去一直活在鬼氣森森環境中的商人，就比不過周人了。

羌又是這段改變的重要見證。這個被商人視為「獸」而壓制、獵殺的民族，在周人眼中卻是「人」，不只是平等的人，還是親近的盟友。商人的眼睛總是朝上、朝外，朝現實人間以外的地方看；相對地，周人專注看待身邊周遭。周人擅長協調、組織、聯盟，他們用「以人為中心」的新信仰，強烈挑戰活在神鬼間的商人。

在一個意義上，後來的中國人都是周人的後裔。周文化，而非商文化，決定了中國文化的基本價值。於是，和周文化天差地別的商文化、商人鬼神信仰、商人建構的鬼氣森森世界，就被埋藏遺忘了將近三千年。近乎奇蹟地，這段歷史、這個特殊的文化，竟然在最近幾十年逐漸復活，重見天日。這是了不起的史學成就，是我們跳脫傳統視野，重新認識中國歷史所能得到的驚人知識饗宴。

第八講

從部落共主
到國家體系

01 中國農業文明的多中心擴張

我們今天無法有效解釋，為什麼在新石器時代後期，中國這塊區域有好幾個地方同時進入農業文明，在文化與社會組織上取得了重大突破。然而透過愈來愈豐富的考古資料，我們可以看出，從距今七千年前到四千年前左右，這幾個同時獨立發展的中心，都不斷向外擴散。

擴散的主要原因，是農業帶來的人口增加。中國新石器時代的一項特色，是擁有相對高密度的村落分布。一旦人口增加，原有村落無法容納，就必須向外尋找新的居住與耕種地點。如此一來，各個中心都向外擴移，不久後自然就碰觸到彼此的區域。接觸帶來相互影響，當然也帶來對立與競爭。

彼此相互影響，交換農業經驗，使得這段時間的農業生產效率持續提高；而更多的農業生產，促進更快的人口增長，於是也加強了對立與競爭。在這段時間裡，我們有理由相信，中國這塊土地上的人口成長，高於同時期、同階段的埃及和美索不達米亞平原。

美索不達米亞（Mesopotamia）在兩條河流之間，meso 就是「之間」的意思。它是由底格里斯河和幼發拉底河沖刷堆積出來的地帶。這個地區通常又稱「肥沃月彎」，因為是河川下游積土，土地容易開墾，也容易收穫，非常適合農業發展。

不過，有利於農業的條件，卻也帶來居住上的不便。肥沃的沖積土上沒有森林，更沒有山，也就沒有樹木和石頭可用。那個環境的條件相對單純，卻缺乏多樣性，連要蓋個房子都不容易找到充分的材料。換句話說，那是個不容易自給自足的環境。農業生產上豐饒，但農業生產以外的需求，卻無法得到滿足。

在這樣的基礎下，美索不達米亞平原的文明突破，來自於貿易。光靠肥沃的土壤、豐富的農產，不足以出現突破性的文明。這裡的人找到用農產去交換其他物品的方法，克服了缺乏多樣性的問題。貿易就成為這個地區最主要的社會組織動力，以及政治權力運用原則。

在多樣性上，埃及尼羅河流域的狀況比美索不達米亞平原來得好。埃及從河谷中發展出來，河谷的土壤也很肥沃，而河谷兩邊還有山，可以產樹木，更有大量石材。在防衛保護的機能上，尼羅河流域也優於美索不達米亞平原。河谷形成了自然疆界，能夠擋住外來的威脅，外族不容易入侵。

埃及和美索不達米亞平原形成強烈對比。美索不達米亞平原是個開闊之地，很容易引來覬覦者，因此政權經常更迭。這個區域和附近地區一直有頻繁的互動，經由貿易及征伐，這裡的文化逐漸向四周擴散，終於形成後來西方文化最重要的起源搖籃。

埃及有自然環境保護，外人進不來，但相對地，他們也不容易出去。在尼羅河流域區，良好的農業條件使得古埃及文化快速發展，沒有外敵又讓古埃及建立了長遠安定的王國組織，但這樣的社會、文化沿著尼羅河往上游傳，沒多久就遇到瓶頸。

尼羅河流域的腹地有限，埃及文化就被侷限在這塊領土中。由於很少和外界互動，使得這個文化的防禦抵抗力很低，以至於後來遇到巨大威脅挑戰時就全面瓦解，再難復興了。現代的埃及人，和建造金字塔、製作木乃伊的古埃及人，完全是兩回事。現代埃及人是後來才從兩河流域、阿拉伯半島移居過去的，古埃及文化與人種基本上滅絕了。如此徹底中斷的命運，和古埃及的封閉環境有密切關係。

02 鑄鼎造牆的驚人動員規模

中國現在約有十四億人口，是世界上人口最多的國家。不只人口的絕對數字，中國的人口密度也相當驚人。這樣的現象在歷史上幾乎可以遠溯到新石器時代。早在新石器時代，中國的人口密度應該就高於兩河流域和尼羅河流域，更不用提美洲地區了。

為什麼會這樣？我們今天無法從考古資料上有憑有據地一步一步解釋，但至少考古資料的整理，已經有一些可供猜測與推論的線索。

例如藏於中國國家博物館的「司母戊鼎」（又稱「后母戊鼎」），是目前所知最大型的晚商青銅器。「司母戊鼎」有多大呢？它高一百三十三公分，長一百一十公分，寬七十九公分，幾乎有半個電梯那麼大。最關鍵的是它的重量，達八百三十二公斤。

前面介紹過商代青銅器的鑄造法是「範鑄法」，要先做好「範」，再將青銅汁澆灌進去。很多人看過青銅器，但幾乎沒人看過「青銅汁」，因為正常狀態下是不存在青銅汁的，要在將近攝氏八百度的高溫中，由銅和錫混合的青銅才會熔化成液體。

如何將青銅原料加溫成青銅汁？商人使用的器具是坩堝（後世稱「將軍盔」）。以司母戊鼎的規模，大約需要七十個「將軍盔」燒出的青銅汁才夠。鑄這樣一口大鼎，能不能一次澆一點青銅汁，分幾次澆灌？不能！因為這會使得青銅溫度不同，冷卻過程中就會產生縫隙，到時候將外範拆掉，裡面的青銅器不會牢牢結合成型。

鑄這種鼎只有一種方式，就是準備好至少七十個將軍盔容量的青銅汁，在最短時間內一次澆灌完成。一個將軍盔要裝十多公斤的青銅汁，將軍盔本身也有將近十公斤重，然後要生火、煽火來提高溫度，到時候還要舉「盔」澆灌。最保守估計，每一個將軍盔至少要動用四人，也就是至少要有兩百八十人密切配合，同步作業。這還只是澆灌青銅汁的直接作業人員，若加上其他不同工作所需，鑄造司母戊鼎的工坊一定超過三百人。三百人必須嚴密合作，依照固定工序，才有可能鑄出這口大鼎。

再看看之前提過的鄭州商城，城牆全長接近七千公尺，由夯土構成。據估計，七千公尺的城牆需要約八十七萬立方公尺的土方。從把土運來倒進築好的版內開始算起，要夯成這樣一座城牆，得耗費至少一千三百萬個工作日。意思是，如果每天動員一萬人來夯城牆，而且全年無休，都要四年左右才能完工。一萬人，四年！

這種規模的工程，依常理判斷就知道，絕對不可能每天動員一千三百人，花一萬天，用三十年時間夯築出來。因而合理估計，蓋這座城牆每天平均動員的工人，應該介於三千到五千之間，可以在八到十年間築好。

三千到五千人，長達八到十年的持續動員！這是另一個驚人的數字。

03 動用大批人力的「劦田」

再舉一個例子。從甲骨文和古文獻學資料中，我們看到「劦田」的名稱，那應該是動用大批人力的集體農耕制度。在考古挖掘上，安陽出土了一個工具坑，坑裡挖出一共四百四十把石製鐮刀。幾乎每一把鐮刀上面都有明顯使用過的痕跡，顯然這不是一個鐮刀工廠的遺址。

這顯然也不是石鐮廢棄坑，因為在坑中和大批石鐮一起出土的，還有青銅器、玉器等貴重物品。將所有條件考慮進去，這應該是商代集體農作最清楚的證據。這裡有一個貴族，他是「王大令眾人劦田」的劦田領導者，他控有劦田的農具，發給眾人去耕作。

「王大令眾人曰：劦田，其受年。」是卜辭出現的句子。[26]「王」是商王，那麼「眾人」是誰呢？這有不同的主張。早期大陸學者一貫認定「眾人」就是奴隸，但依照現在的理解，似乎可以有更細膩的分辨，我們後面再來仔細討論。這裡先假定「眾人」就是商代的一般人民，由貴族管理、領導他們合作劦田。

從古文獻得知，周代農作主要的方式是「三田制」，就是三塊土地輪種。在農業初起時，人們依憑經驗發現，在一塊田地上持續種植同樣的作物，其產量會遞減。因此必須停止種植，讓土地休息。後來累積了更多經驗，才發現可以用輪流種植不同作物的方式，使得土地不用休耕。今年種麥子，明年種豆子，後年種蔬菜，種完蔬菜又可以種麥子。這樣三塊田為一組，就能維持穩定的產出。

周代的「三田」仍停留在「種一休二」的較原始狀態。一塊土地長了一年麥子就休耕兩年，每三年才種一年，因此需要三塊土地來輪流，才能確保所需的農業收成。這樣的耕種方式較為粗獷原始，而且需要較多的土地可供利用。

26 可參考羅振玉，《殷墟書契續編》卷二第二十八頁第五片。此書於一九三三年出版，共六卷，收錄甲骨二〇一六片。羅振玉另編有《殷墟書契（前編）》、《殷墟書契菁華》和《殷墟書契後編》。

我們可以由「三田制」回推「劦田」的做法。一塊土地休耕了兩年之後，要重回農業生產，得費一番整理工夫，所以要找「眾人」一起砍割兩年來長起的雜草。兩年時間，有的不只是草，可以生成雜樹了。

這就是為什麼會有四百多把鐮刀放在一起的原因。這些鐮刀不是用來收成的，而是拿來提供給「眾人」，讓他們協助進行「田」，讓土地變成可耕種的田的工作，這叫做「劦田」。

劦田不能光靠拿著鐮刀的人力，或許還用上了火，將砍下來的雜草雜樹燒掉，讓灰沉澱進土裡成為養料。這些工作都不是以個別農家為單位進行的，在商代已經有高度組織化的做法。他們已經習慣並嫻熟於運用幾十、幾百，甚至幾千人這樣的集體動員形式。

04 鬼城：商代的權力象徵中心

我們從歷史看到的事實是，商人擁有大規模動員與組織的能力，而且靠著這種能力建構起輝煌的文明。這已經是很明確的國家組織。原始的部落和酋邦，絕對無法動員、組織那麼多人來進行農地耕作、工程建設或工藝製造。再進一步問：商人如何獲得這樣的大型動員及組織能力呢？

前面描述的幾個現象與做法，應該都對商人的動員、組織有正面作用。

最關鍵的應該是商人的鬼神信仰，是他們以鬼神為中心的基本生活形式。我們知道「殷」是商代最後一個都城，考古學家也在安陽挖出了殷墟。文獻中經常出現「大邑商」的稱號，顯示商人在這裡應該有城，有驚人的城郭建築，是座大城。然而在殷墟出土的，主要卻是陵墓、陵寢。雖然也在不遠處挖出了城牆遺跡，但考古學家判斷，城牆和殷墟的主體不是同時建造的，也不屬於一體，城牆要比殷墟時間早，屬於中商時期遺址，而非晚商。

日本史學家宮崎市定很早就對殷墟有特別的判讀。[27]在中國史研究上，宮崎市定有很大的貢獻，是日本「東洋史」研究領域的代表人物。他對中國史做出許多革命性的解釋，和中國傳統說法大不相同。他的成就一部分來自他有和中國學者一樣好的中文掌握能力，但他讀中文史料的方式卻不受傳統束縛。他常常跳過傳統解釋，直接從史料原文意義上去判讀。

宮崎市定對中國古史帶來的最大震撼之一，是提出了「城邦說」。他認為中國古代曾有一段城邦林立、以城邦互動關係為主的時代。那種狀況，和後來的帝國中心運作大不相同，反而比較類似古希臘歷史上所見的城邦交流。隨著帝國的建立，這樣的城邦階段被遺忘了。後來中國歷史

27　可參考〔日〕宮崎市定，〈中國上古的都市國家及其墓地——商邑何在〉，收錄於《宮崎市定亞洲史論考》中卷（上海：上海古籍出版社，二〇一七年）。

傳統上都將描述城邦現象的古史記載，扭曲讀成帝國式的意義。

宮崎市定剛提出這個說法時，被認為是離經叛道的主張，日本和中國的許多學者都視為胡說八道。然而經過幾十年平心靜氣地研究理解，到現在已成為我們認真重建周代之前歷史不得不借助的重要觀念了。

關於小屯殷墟，宮崎市定提出的看法是：安陽並不是「大邑商」的所在，殷墟的本質就是陵邑，不是人居住的處所，而是給鬼住的地方。注意，他不是否定文獻上視安陽為晚商都城的說法，而是指出商人所謂的「都城」，和我們後世想的恐怕很不一樣。都城是最主要的權力象徵中心，而商人最主要的權力象徵中心並不是人居住的，而是鬼住的。

對商人來說，鬼城比人城來得重要。商人的生活是以鬼、而不是以人為中心。殷墟的建築規模和樣態，殷墟周邊沒有比陵寢更堂皇的宮室建築，具體地為我們呈現、證明了這件事。

甚至更進一步，我們可以假設商代晚期的王，他們的生活或許有很大一部分就在這塊鬼域裡。他們之所以為王，是因為具備了和祖先溝通的壟斷權力。彰顯他們獨特地位與能力的一種方式，就是與鬼同居。這是個只有少數握有特權的人才進得來的鬼域，也是商代政治真正的核心。王和祖先，而不是王和朝廷或王和大城，才是構成商代統治權力的關鍵條件。

了解商代，必須回到他們的鬼神信仰、鬼神主張，人和鬼神沒有隔離界線的生活方式。

05 掌握未知現象，建立「通天地」權威

先民的生活環境中，有許多超越他們所能理解、更超越他們所能控制的現象。這些現象和人有距離，卻又產生切身的威脅。因此，若是有人宣稱——並能找到方式說服別人——他們有能力影響、改變、決定這些現象，能夠在關鍵時候顯示對這些現象的掌握，那麼就很容易獲得權威地位，贏得別人的崇敬與服從。

張光直先生用兩個文明的例證比較，幫助我們理解商文化，一個是西伯利亞薩滿教，另一個是美洲馬雅文化所見的信仰系統。這兩個文明最突出的特徵，就是相信人的生命和周圍大自然的種種力量、種種現象，彼此之間是連續的，沒有本質上的差異。也就是人和人以外的現象是一體的、連續的。

這樣的世界不是建立在切分的範疇架構上，而是平鋪一片，不覺得這裡有人的領域、動物的領域、死者的領域、神的領域等的隔絕。透過某種固定的方法，人很容易就能走入動物的世界、死者的世界、神的世界……

如此的世界觀，幫助那時候的人處理無所不在的威脅恐懼，幫助他們安排生活。那樣的環境裡，人不知道明天會不會颳大風、下大雨，不知道什麼時候身旁大樹會倒下來，不知道哪隻野獸

會衝過來攻擊……，因此，一種合理的自我保護方式，是說服自己相信，面對所有的未知和不確定，我不是真正無助的，其實我和所有這些現象、這些生死交關的變數，是有連結的。我有方法可以藉由這樣的連結，影響、改變、控制這些力量和現象，至少可以預先知道。

唯有如此，人才能得到一點基本的安全感，才能在安全感的基礎上安排自己的作息生活。人們相信今天在這個地方殺了一頭牛，就能阻止明天或下個月將要出現的洪水，就有信心、有力氣在這裡耕種，等待收成。如果殺一頭牛真的帶來沒有大雨的結果，人們當然就很容易感覺到：我和牛，還有那掌握決定大雨的意志，中間是有連結呼應，是可以溝通的。

一直到二十世紀，英國哲學家維根斯坦（Ludwig Wittgenstein, 1889-1951）仍然真理自證地說：「死亡不是人類經驗。」的確，死亡是離人最近，卻一再逃離人類理解與掌握的現象。死亡的弔詭在於，人在生活中不斷旁觀經歷別人與別的生物死亡，也明知死亡終將降臨在自己身上，卻無從真正體驗死亡。死亡來臨的那一刻，他就不再是「人」了，他作為人活著無可取代的關鍵因素——意識，在死亡瞬間也同時關閉。

死亡一直都在，卻一直都是經驗上的謎。前一刻還活著、還動著的，下一刻就靜止不動，再也不會動了。最自然、最直接的想像，就是有什麼樣的東西在那一瞬間從身體裡離開了，那樣東西就是生與死的最大差別。

那樣東西不管如何稱呼，就成了人們最容易接受的生死解釋。直到今天，大部分的人仍然無法接受死亡就是終結、沒了，這個人的這份記憶與意識從此結束、不存在了，沒有就是沒有。

不，大部分的人還是需要相信，人死了之後會有一部分從身體離開，去了不一樣的地方，繼續存在著。

人們理所當然地想像推衍：有東西從活著的人身上離開，留下硬邦邦沒有反應的屍體，那麼原來會說話、會反應的能力，一定是離開的東西啟動、控制的。所以如果能在別的地方找到這東西，我就還能繼續和它溝通。

薩滿教主張，天地間所有的活人與死靈，沒有絕對的區隔，活人的領域和死靈的領域是共存且互通的。薩滿教的「薩滿」，指的就是有能力可以來回這兩個領域的人。表面上看來或許和我們一樣，但他隨時可以「咻」地去到另一個死靈的世界，然後又「咻」地從那個世界回到我們這個活人的世界。

張光直先生指出，商文化帶有濃厚的薩滿教意味。商王都是能夠「通天地」的人。人們願意接受死靈可以和人溝通，但不是大家在生活中隨便都能遭遇死靈、召喚死靈。關鍵不在於商王主張自己能「通天地」，而在於別人相信他們真能「通天地」。

商代文化所成就的，依照張光直的解釋，大部分都和建立商王「通天地」的權威有關。這個時期的中國國家組織，就是建立在商王「通天地」的巨大權威地位上，因而得以威服眾人，高度動員。張光直將這些相關的物品、儀式、現象通稱為商代的「統治機制」（state apparatus）。靠著這些機制，商王反覆提醒別人他的超越能力，以及他們獨占這份能力的特殊地位。

06 商人的「連續性的世界觀」

這樣一種「連續性的世界觀」，在先民文化中應該極為普遍。那是一種原始、自然的想像延伸。然而在人類歷史上，不同區域在不同時代，陸續打破了這種「連續性的世界觀」，代之以「不連續的世界觀」。在西方，「一神教」的興起是最關鍵的變化。

從中東地區發源的「一神教」相信只有一個神，主張只能有一個上帝，並認為這個絕對一神的絕對性也反映在神與人的差距上。人及萬物都由這個上帝所創造，面對上帝，人、萬物和上帝之間，存在著「被造物」和「創造者」的鴻溝。創造者是主動的，擁有創造及毀滅的一切權力；相對地，被造物連自己的生命都來自上帝的賜與，純粹是被動的，沒有任何主動權。

此外，在愛琴海沿岸，古希臘人發展了另一種想像，想像諸神住在奧林帕斯山上，俯視著人間，隨時可以干預人的生活。古希臘神話中，人很無力也很無奈，人無從參與神的世界，神卻常常以人為作弄對象。而且諸神之間的糾紛，往往也莫名其妙地禍延人世，人也無從抵抗，更無法改變。

除了神的作弄和干預，還有更沒得商量的「命運」。命運比神還要強大，還要絕對，就連神都受到命運的拘束和管轄。人頂多只能透過神諭來知曉命運，但命運之所以為命運，就在於即使人事先知曉命運的安排，不管多聰明、多努力，都不可能改變命運，不可能脫開命運的結局。

猶太教及其衍生的基督教，以及古希臘神話，給人的都是「不連續」的世界圖像。人和更巨大、可以操控人的非現實力量，中間是斷裂的。人只能觀察、祈禱，卻沒有任何管道能夠影響和改變。

但這兩個傳統，後來成為西方文化的源頭，又藉著西方文化的擴張，成了世界的主流。在這兩個傳統的籠罩下，「不連續的世界觀」明顯占了上風，以至於讓人們遺忘了，若從歷史的觀點回溯，有很長一段時間，「連續性的世界觀」其實才是人類信仰與想像中的多數。

商人抱持的也是這種「連續性的世界觀」。商的統治者宣稱，而且顯然相信，自己能夠有效地和死靈世界溝通，有特權可以在不同世界間穿梭來往。關於那看不見的世界，存在著看不見但可以宰制人們的力量，即使到今天，人們還是好奇、害怕的。我們其實仍然活在殘存著曖昧疑惑的情況中。沒事的時候，你不會相信算命，算命的跟你說什麼沖煞，你可能嗤之以鼻。但三年後，你覺得自己生活中諸事不順，兒子頂撞、老公天天晚回家、媽媽生病、爸爸離家出走……，這時算命的說出和三年前一樣的話，你的態度就不一樣了，開始傾向於接受。

07 鬼神信仰的自我催眠

商人崛起時，馴服了別人馴服不了的大型動物，在和動物接觸的過程中取得了特殊的自信。「我能擁有別人沒有的力量，讓別人怕我，不能抵抗我，因為動物是我獨有的幫手，別人沒有這種幫手。」於是商人進一步相信：這樣的幫手可以帶來許多別人無法做到的突破，其中一項就是透過與死靈的溝通，來控制自然中的種種傷害和破壞因素。

一旦他自己真正相信，顯示出面對困擾所有人的傷害和破壞時的自信與勇氣，就能在別人面前取得高度權威。那不是他「扮演」出來的，而是出於某些理由，他真的如此相信。這就很容易影響他人，說服他人接受他的這種特殊能力，給予他相應的特殊地位。

再加上運用動物力取得的優勢，商人就比周圍其他部落民族來得強大。幾個因素加在一起，到後來，他們不需要真正動用武力去征服別人，轉而以「通天地」能力的自我信仰與自我催眠，就能說服別人接受他們的領導地位，服從他們的動員組織。一旦建構起有效的動員組織機制，商人的優勢就更穩固，更有條件威脅利誘更多更遠的部落民族，加入他們領導的系統中。

如此循環增長其權力與能力，應該就是商朝步入複雜國家組織，政治統治範圍大幅擴張的主要途徑。

不過，商人要維持有效的統治，就需要被統治者接受其鬼神信仰。信仰帶來權力，若失去信仰作為權力的基礎，被統治者不受看不見的鬼神威嚇，統治者的權力就大幅削弱了。商人以各種方式，包括自身沉浸在不斷加強信仰的種種儀式裡，讓與鬼神有關的儀式和生活的每個細節纏捲在一起，藉此維繫由信仰提供的權力。

這樣的權力模式有兩項隱憂：第一，若遇到不在這個系統中的人，會以現實實力挑戰他們的權威；第二，若有人模仿並學會了他們創造鬼神溝通情境的種種手法，恐怕將破壞他們在這方面的獨占地位。

從周人興起、進而取代商人的權力軌跡來看，我們更有理由認定，周人在歷史上的發展變化，剛好應合了這兩項信仰權力的弱點。他們是藉由不進入這個系統，同時又學習、掌握了這系統中的幾項關鍵能力，得以成為商人最可怕的對手。

08 周民族真正的起源地

夏人的根據地在今山西、河南一帶，商人的起源地可能偏東，取代夏人成為共主後，勢力往西延伸到原先夏人的領域。而一般相信，周人從更西邊來，他們最早的根據地在渭水流域，即今天的陝西。

周代早期考古的中心，在岐山周原。對待周代考古的出土材料，和商代考古有一項關鍵差異，那就是周人留下的文獻史料要豐富得多，因而考古與文獻的比對成了重點。不能考古歸考古，不能單純從考古上來解釋周人與周文化。

商朝武丁時代，在甲骨文中開始出現「周」這個稱號。這表示周人已經不斷向東前進，和以河南為核心的商人勢力範圍有了較密切的接觸，甚至構成了商人領域的威脅，所以受到商王室的注意。

看一下地圖就知道，從渭水流域到河南安陽有很長一段距離。周人在渭水流域活躍，竟然會威脅到遠在安陽的商人，那周人的勢力也未免太大了吧？依照古文獻近乎一致的記錄，武丁時期的周人還在篳路藍縷的階段，需要經過公劉[28]以降好多代的經營，才能在文王時取得「西伯」的地位與影響力。換句話說，他們花了超過百年的時間，逐步逼近、包圍商人。這樣的記錄，不像是早早就已經從渭水流域擴張到安陽附近的一個民族。

《詩經．大雅》描述了周的發展過程，曾有一段時期「竄於戎、狄之間」，然後在公劉時遷到「豳」，到了古公亶父再遷到「周原」。依照這樣的描述，錢穆先生主張，周人最早應該起於晉南，即山西南部，而不是陝西。傳統理解上將遷豳、遷到周原，視為都在同樣的渭水流域間移動。但這種說法一來無法解釋「竄於戎、狄之間」的記載，二來也很難應對早在武丁時期，商人甲骨文上就出現「周」的事實。

如果周人起於晉南，那就說得通了。古文獻提到「戎狄」時，其方位幾乎毫無例外，都在夏人和商人活躍區域的北邊。周人最早可能是山西南部的農業民族，但一度放棄農耕，「竄於戎、狄之間」，也就是改換為「戎狄」一樣的漁獵生活。然而「竄於戎、狄之間」也沒有混得很好，整個部落索性另尋出路，在傳奇性的領袖公劉的大膽領導下，遠遷到渭水流域的豳，然後再往西移到周原，在這裡找到了適合農耕的新天地。

由於周人源起山西南部，靠近夏商核心區域，所以早在武丁時代，周人已經和商文化接觸。這就可以進一步和周原考古發掘連接上。周原考古所見，早周文化已經有青銅器，也出土了卜骨和少數卜甲。這應該就是周人在晉南和商人先進文化接觸的結果，他們已經吸收了部分技術，將之帶到周原。

另外，正因為周人是從晉南遠徙來到周原，當他們落腳周原時，這裡有其他民族散居。要能定居周原，他們必須與原有住民協商、聯盟。這的確是史料上所見周人的關鍵長處，後來也就是靠著善於協商、聯盟，讓周人取得足以威迫商人的實力。

28 公劉是周人第一個稱「公」的首領，為周王室始祖。

09 周人和羌人的合作聯姻

《詩經·大雅·綿》有云：「周原膴膴，堇荼如飴。」極讚周原土地肥沃，在這裡種出來的東西，連苦菜都是甜的。

岐山周原的土壤條件適合當時的農業，以有限的工具與人力就能深耕豐產。周人找到這個地方還真是幸運。但我們不免要問：那麼好的一塊地，怎麼會輪到遠從晉南移居的周人來占用和開發呢？這裡沒有原來的住民嗎？周人來到之前，沒有農業嗎？

這裡之前應該有原住民，但沒有農業和農業文化。原本住在這裡的，是被商人視為動物的羌族。商人將他們視為動物，其中一個原因就是他們相對而言遲遲未進入農業生產，很可能仍以漁獵維生，遠比商人落後、野蠻。

周人姓姬，而在周代歷史上，除了王族的姬姓外，最重要的就是姜姓。「姜」和「羌」基本上是同一個字，商人甲骨文中帶著輕蔑貶抑的意味稱「羌」，等到羌人也進入使用文字的階段，他們就轉化「羌」而為自稱的「姜」。

從「羌」到「姜」，從無文字到有文字，中間關鍵的因素很可能就是新移居過來的周人與周文化。周人在這裡和羌建立了密切的合作聯姻關係。

從金文和古文獻中整理，西周一共十一代，十二個王。其中極其規律地隔代就出現一位姜姓王后。一、三、五、七、九、十一等單數代的王后都姓姜，這個規律絕對不可能是偶然。姬、姜二姓明顯地形成一個二元融合團體，固定交叉通婚。這一代姬姓男性領袖娶姜姓女子為妻，下一代就換成姜姓男性領袖娶姬姓女子為妻，如此不斷加強聯姻關係。

為什麼姬姓和姜姓如此親近？最合理的解釋是：姬姓周人遠從來到姜姓羌人的地盤，發現在這個宜於農耕的豐美之地，住著一群不懂農業的漁獵民族，只要和羌人維持良好關係，周人就可以輕易占用這塊良土，在此安居。

從晉南出走後，周人一度先落腳在豳，但沒多久又再度遷移。顯然，在豳地沒那麼容易生活。就算一時靠著武裝征服，壓制豳地的原有居民，但在建立農業新據點過程中，很難不遭到抵抗。外來的周人解決不了這個問題，只好再從豳出走，來到周原。

何其幸運，周原的狀況和豳大不相同。周原是羌人的地盤，他們不是農業民族。這個民族的文明發展程度低於鄰近的其他文化，尤其低於居於統治共主地位的商人。商人將羌族視為動物，無情地加以獵殺，用來作為祭禮上的犧牲。很顯然，羌族對商人不可能有好感。

商人對羌族也有明顯的敵意。為什麼要這樣獵殺、迫害羌人？一個可能的理由是：商人在羌族身上看到自己的過去，也就格外小心防範，不讓羌族走上和自己一樣的路。

和過去的商人一樣，羌族也在漁獵生活中培養出和動物的特殊關係，介於從漁獵進入畜牧的轉折階段。他們正逐漸脫離單純的漁獵生產，具備了初步的畜牧知識與能力。羌人被商人「獵」

去後，除了當犧牲，有時還用在協助生產上，因為羌人可以幫忙進行初級的畜牧工作。

商人文化發展比羌族先進得多，除了更大規模、更有效率的畜牧外，還有固定的農業基礎。然而對商人來說，他們最重視的還是獨到的大型動物畜牧經營，那是他們賴以崛起的看家本領，因此他們會特別壓制羌族，對羌人特別殘暴，特別不留情。

在這樣的歷史情境下，周人來到羌人控有的周原，很快地改變了商人和羌人之間的互動。周人快速建立起農業據點，因為住在這裡的羌族只懂漁獵和畜牧，不懂農業。周人的農業基礎，和羌人的漁獵、畜牧很自然地互補結合，發揮兩利、雙贏的效果。

外來的周人和原住的羌人一方面在生產形式上沒有衝突，另一方面又有著對外的共同敵人，一推一拉，兩股力量同時作用，使得他們的合作關係進展迅速並不斷升級。而發揮推動作用的共同敵人，當然就是統治共主——商人。

10 範鑄和用卜：周人學自商人的本事

周人從晉南到周原，找到了新的宜農土地，因為這塊土地才剛開始進行農業開發，原始成分仍然完整保留在土壤中，使得農業生產力可能高過已開發多年的豫西、豫東一帶。而之前長居晉南的歷史，又讓周人透過接觸而熟悉商人的文化運作，有了基本的模仿能力。

周原考古挖掘出早周的青銅器，經出土條件判斷，這些青銅器絕對不是從外面搬運進來的，而是當地所鑄造的。其鑄造手法沿襲自商人的「範鑄法」，但比同時期的商代青銅器明顯粗糙。周人沒有能力在青銅器表面鑄造出細膩多變的紋飾，也就是他們學會了大體結構的鑄造技術，但裝飾細節的手法仍和商人有頗大的差距。

範鑄法的運用，以及紋飾上的匱乏，使我們合理推斷：周人的青銅工業技術是從商人那裡學來的，而且很可能是偷學來的。粗略的手法能夠偷得到、學得來，但更細膩的、更深入碰觸到商人青銅器神鬼意義的那部分，周人就沒辦法學到了。

另外，周人也將「卜」帶到了周原。在鳳雛考古遺址出土了一萬七千多片卜甲和卜骨，其中一百九十片上面有字，一共找到了大約六百個字。剛開始，有人猜測鳳雛出土的甲骨文屬於商文化，但和安陽出土的甲骨文相比，卻有明顯的差別，包括刻寫的方式不一樣，筆畫也不一樣。鳳雛甲骨文要比安陽所見的來得細瘦且長。

更清楚的，是鳳雛卜文的記錄方式和安陽的也不一樣。商人以天干地支記日，甲乙丙丁配子丑寅卯，鳳雛卜文卻是用「月相」來記日，也就是記錄這一天月亮的圓缺狀態。「望」、「霸」、「既」、「既生霸」、「既死霸」等等，都是月相的專有名詞。我們現在仍然無法確認這些名詞的意義，有好幾種不同的解釋，所以在以這些卜文記錄來斷代、訂年時遇到很大的困難。不過我們確知，這種「月相記日」不屬於商文化。

比對有限的鳳雛卜文和龐大的安陽卜文資料，可以發現：第一，周人用卜的範圍遠小於商人；第二，周人使用的文字也比商人少多了。由此推斷，周人用卜刻寫卜文的技術，很可能是從商人那裡學來的。搬遷到周原時，都還只學了點皮毛。

周人用卜，恐怕不是真正相信卜，相信藉由卜和祖靈溝通的功能；毋寧是藉此向商人示威：「這種本領不是只有你有！」在有限的一百九十片卜文中，有大約八十片刻寫的內容和商人有關，是以商人祖先當卜問對象的。

看到這樣的現象，我們忍不住想像周人的心態，想像這中間的過程。這一群在晉南活動的新興民族，不知用了什麼方式（派了兩百個不惜犧牲性命的間諜？）潛入比他們強大許多的近鄰商人之間，打探並模仿商人的統治祕密。費盡千辛萬苦，終於帶回卜與卜文。「就是這個！他們就是靠這個和鬼溝通，也就是靠這個耀武揚威！」

獲取祕密的周人，第一個反應不是「那我也用這套方式和我的祖先溝通」，而是「那我就能用這套方式和你的祖先溝通」。因為商人向來宣稱他們的祖先最強大、最厲害，而且商人壟斷和祖先溝通最有效的手法。

周原甲骨中，多次出現「相土」的名字。這正是商人先公中和動物關係最密切的一位。到周代的文獻中，「相土」轉型變成了「社神」，這是最早的土地公。

相土進入周人神祇系譜裡，有兩種可能性。一種是單純偶然，周人從商人那裡看到相土的名字，或許是看到了「土」字，就望文生義將他封為土地公；另一種可能，也許周人是有計畫地改寫近鄰強國的歷史，把人家有力的祖宗搬過來放在自家系譜上。

依照後來周代的文獻，周人的始祖是棄，而棄的父親是帝嚳。有意思的是，帝嚳的元妃姜嫄生了棄，帝嚳還有一個次妃簡狄則生了契，那是商人的祖先。因此，周人祖先和商人祖先是同父異母的兄弟，而且周人是元妃之後，商人只是次妃之後！

這樣的說法怎麼看都像是周人創造出來，而且故意貶抑商人，吃商人豆腐的吧？現在我們從鳳雛甲骨得到進一步的證據，周人從商人那裡偷學了「卜」的工夫，然後利用「卜」把商人的祖先拉到自己的陣營裡。

這種做法明顯針對商人原本擁有的最大優勢而來。透過卜，尤其是透過卜來和商人的祖先（如相土）聯繫，周人侵蝕了商人的權力威脅：「我可以靠我的祖先之威壓過你的祖先，我可以讓你的祖先降禍於你、不保佑你！」學會用卜和相土溝通的周人，這時可以挑戰商人的威脅了：「你的祖先不必然都聽你的吧？」

11 青銅器：周人眼中永存不壞的象徵

周人偷學了青銅鑄造，偷學了文字，然後在這些來自商文化的技能運用上，添加了自身的特色。

周人的青銅器在樣式上遠不如商人的那麼多樣、精巧，也沒有商代青銅器的繁麗紋飾，因而傳統上認定，周代青銅器比商代青銅器要來得「樸拙」。雖然少了紋飾，周人的青銅器卻多了許多銘文。

比對甲骨文和青銅銘文，我們可以確認周人用來刻鑄在青銅器上的文字，基本上和商人刻寫在甲骨上的一脈相承。周代金文中的象形字，幾乎都能在商代甲骨文中找到近似的前身。換句話說，金文裡沒有太多新造的象形字。象形這種最原始、最直覺性的造字方式，到周人的時代已經大致定型。金文新創的主要是形聲字，也開始出現通假字，清楚顯現它是在甲骨文系統上的進一步演化、發展。

商人將這套文字主要用在「卜」上，但到了周人手裡，轉而主要用在青銅器上的記錄。從晉南時代，周人就開始努力仿效學習商人的統治機制，學來之後再予以改造。關鍵的改造，在於將青銅器和文字兩項因素緊密結合在一起。周人開始大量鑄造有銘文的青銅器，而且銘文的重要性逐漸勝過了形制與紋飾。

商人的青銅器上所鑄銘文，基本上是「族徽」，用來標示青銅器主人的身分。周人在這個基礎上大幅擴張，刻鑄了更多字，給予銘文更重要的意義。於是，周人的青銅器銘文有了明確的契約意涵。銘文中常見的固定結尾是「子子孫孫永寶用」，充分凸顯了他們認定青銅器的特點——可以永存不壞。連帶地，刻鑄在上面的文字也可以隨之近乎永久地存留，不會改變也不會消失。

青銅器皿的意義因此改變。原本在商人生活中，它是神器，可以讓食物由不可食變為可食，會蒸蘊出向上的水煙，像是正在將青銅器上刻畫的動物一併往上帶向神鬼、祖宗所在的領域，和他們溝通往來。而在周人眼中，青銅器是最為堅固不朽，可以抵抗時間、超越時間的證物。

商人的人際關係中，充滿了恐嚇威脅。商王以恐嚇威脅之姿駕臨其他氏族之上，商人也以恐嚇威脅之姿統領其他民族及方國。周人卻發展出不一樣的關係模式。人與人、氏族與氏族、民族與民族間，可以靠共同的交情記憶，維繫合作互動。今天我們相處歡洽，今天你樂意和我合作，我們就鑄一個鼎，在永遠不壞的青銅器上銘刻彼此關係，就此世世代代固定下來，「子子孫孫永寶用」。

12 商人、周人和其他部族間的交鋒

周人從晉南往西流徙，歷經波折定居在周原，有效地開發周原優異的農業條件，快速在西方興起。在周原，他們還善加利用一種狀況，就是和在這裡久居的羌人緊密連結，一農一牧彼此互補，更重要的，兩個民族可以聯手對付共同的敵人——商。

太公時，太伯和仲雍離開渭水流域，帶了一部分人往南，朝江漢地區發展。當時的現實情勢是，周仍然臣屬於商，也一度協助商人攻打戎狄；商人和鬼方發生嚴重衝突時，周人也站在商人這邊。

周人攻打戎狄，獲致很大的成功。一部分因為戎狄所在地區正是周人的舊根據地，那是他們熟悉的地方，戎狄也是他們熟悉的鄰居。周原的農業條件使得周人實力大增，回過頭來攻打戎狄，自然得心應手。

攻打戎狄的過程中，周人又得以和留在晉南的「召方」取得聯繫。召方也是姬姓，很明顯是當年沒有一起向西遷徙的同族異支親戚們。周人善於聯盟，建構合作組織的特長，讓自身的力量進一步升等。

《史記．殷本紀》中有這麼一段描述：「武乙獵於河渭之間，暴雷，武乙震死。」此事有蹊蹺。武乙的時代，正是周人協助攻打戎狄之後，而「河渭之間」正是周人的地盤。這位商王跑到周人的領域去打獵，然後就死在那裡，回不來了。很有可能，武乙已經感受到周人的威脅，以過去獵羌的習俗，帶著軍隊進入渭水流域，然而此時情勢已大不相同，武乙的囂張舉動在那裡引來了殺身之禍。

接下來，周人「伐岐」、「伐崇」，一步步進逼殷商。到了帝辛，也就是紂王在位時，發生了商人和「人方」的戰爭。人方是怎樣的民族？許倬雲先生主張，人方和戎狄一樣，都是受到氣候影響而南移的草原民族。[29] 但更早的時候，傅斯年先生在他劃時代的古史研究論文〈夷夏東西說〉[30] 中提出另一種看法，他認為人方是東夷的一支。

從地望來看，尤其是從「人方」的名字來看，我們有理由多考慮傅斯年的說法。從許多民族誌上看到的通則，原民文化中部落族人的自稱，和普遍的「人」的稱呼經常是一致的。前面提過達悟族的「達悟」，就是「人」的意思；「泰雅」也一樣，既是族名，也代表普遍的「人」。

由此推論，商人會將這個民族稱為「人方」，以「人」稱之，應該有特別的道理。被叫做「人方」的，不會是隨便一個從草原南下的新進民族。

29 可參考許倬雲，《西周史》（臺北：聯經，一九八四年）。
30 此文發表於一九三三年，可參考傅斯年，《民族與古代中國史》（上海：三聯書店，二〇一七年）。

我們也可以拿後來歷史上的例證作為參照，來理解商朝末年發生的事。崛起於東方的商人，取夏人而代之後進入中原，也許就像鮮卑人建立北魏，從平城移到洛陽，或是清朝時女真人從東北進到北京。北魏後來分裂成東魏、西魏，為什麼？因為發生了「六鎮之亂」，「六鎮」就是原來留在北方，沒有一起進入中原的鮮卑勢力。再看清朝，為什麼始終小心翼翼維繫在東北的特殊地位？因為那是他們的來源根據地，一方面要為自己保留萬一在中原待不下去時的退路，另一方面也要擔心東北的同族狀況。

人方很可能就是商人的「六鎮」，那是同屬東夷的舊親戚部族，現在反目成仇。這當然非同小可，一來人方和商人擁有同樣的文化基礎，二來人方占有商人東方的原居地。在某種意義上，本來應該是商人最親密的支持者，一旦翻轉，就會變成商人最可怕的敵人。

13 從青銅器銘文看周人「翦商」

紂王時代，商人顯然至少兩面受敵。東邊有自家舊族「人方」反亂，西邊又有新興的周人步步進逼。在這樣的敏感時刻，發生了「西伯昌」（即周文王）死在商人領土上的事，成了周人和商人正式決裂的導火線。

文王一死，武王就發兵「翦商」，在孟津大會八百諸侯。第一次發兵沒有真正和商人接戰，周人冷靜考慮後決定退兵。兩年之後再度出兵，這次就不退了。「利簋」[31]上的銘文，留下了當時難得的紀錄。銘文清楚顯示，這次周人出兵，早上舉行出兵典禮，到當天黃昏就將商人大軍打敗了。參考其他金文資料，看起來是黃昏時商人大軍潰敗，經過一夜，周人商量後決定不停留在原地，直接向北追擊，往朝歌[32]進軍。

周人翦商意外地順利，連他們自己都嚇了一跳。兩年前大會孟津後又退兵，顯然是擔心自己的實力還不足以對抗商人。短短兩年後，周人自身的態度仍然戰戰兢兢，但一打就發現商人如此不堪一擊。勝利來得比周人最樂觀的想像都還要容易，還要徹底。周人原本並未期待就此取商而代之，出兵的動機，毋寧是要展示威力，抵抗商人的壓迫。但沒想到一打，竟然不只打贏了第一場戰役，而且一路打入朝歌，基本上沒有遇到像樣的阻礙。

商人怎麼會如此不堪一擊？應該和這段時期與人方的衝突有密切關係。另外，周人怎麼會變得那麼強大？有趣的是，這個問題連周人自己都好奇。突如其來的勝利，讓周人自己都感到驚訝

31 利簋，又稱為「武王征商簋」，西周早期青銅器，腹內底部刻有四行三十二字銘文，現藏中國國家博物館。

32 商王武乙遷都於朝歌。

和不解。一次就翦商成功，不是他們原本預期的。周人根本沒有準備好接受這樣的勝利和結果。

這過程到底發生了什麼事？如何解釋掉到我們頭上的巨大勝利？這樣的勝利是好事嗎？我們有資格接受、享受勝利的成果嗎？這些問題就在翦商之後冒湧上來，困惑著周人，成了他們不得不努力解答的疑惑。他們不會想到，但我們看後來的歷史發展就知道：周人面對的疑惑，他們試圖解答疑惑的思考過程與建立的答案，徹底改變了中國的政治體制，甚至徹底改變了中國社會與文化的基本性格。

周人讓商朝一下子土崩瓦解的「甲子之戰」[33]，開啟了中國文明的全新方向。神鬼退場，人文精神轉而躍動上升。如果沒有這樣的變化，我們無法預料中國文明會長成什麼樣子，但可以確定的是，一定不會有後來孔子「不語怪力亂神」、「未知生，焉知死」的態度，也一定不會出現李商隱「不問蒼生問鬼神」的質疑。畢竟在原本商人所建立的文明裡，鬼神遠比蒼生重要，甚至蒼生就是鬼神，「問蒼生」與「問鬼神」是無從分辨的。

33 周人翦商的牧野之戰，又稱為甲子之戰，乃根據利簋銘文所記「武王征商，唯甲子朝，歲鼎，克昏夙有商」，即牧野之戰發生在甲子日。

第九講

商、周之際的劇變

01 早周的宮室建築特色

早周的考古，至今有了相當堅實的成就。岐山鳳雛村出土了完整的宮室基址，讓我們得以還原當時的建築配置。

令人印象深刻的，就是這個宮室基址顯現了一個四合院，其空間運用形式和過去一兩千年在中國北方流行的建築形式沒什麼兩樣。這個四合院由兩進院落組成，中軸線上依次為影壁、大門、前堂、後室。前堂與後堂之間有廊連接。門、堂、室的兩側為通長的廂房，將庭院圍成封閉空間。就連入門之處，都已經有了後來稱為「樹」的空間。

鳳雛村出土的早周宮室基址，和過去考古出土的其他基址相比，除了布局特色外，還出現前所未見的地下排水系統。這意味著當時已經有成熟的規劃與執行技術，知道如何在蓋夯土地基時就留微坡，引導水由高往低流入排水系統裡。

此外，這裡發現了最早的土坯磚。這是建築材料上的突破，採用預先燒製好的磚，不完全用現場夯土。這裡還發現了灰痕，那是以細砂調成砂漿，塗抹在屋牆表面的美化做法。

灰痕分布很廣、很明顯，也就是必須用掉大量細砂才能調出那麼多砂漿。從量上判斷，這些細砂可能不是天然的，不容易找到那麼多的天然細砂。所以當時的周人很可能已經具備燒製石灰的技術，人工造出可以用來刷砂痕的細白砂粒。

更難得的是，這個遺址留有證據，讓我們得以明瞭屋頂可能的鋪設方式。他們是用葦條加草泥來鋪設屋頂的。類似的屋頂，至今還可以在日本保存下來的老屋上看到。當然，日本的葦條屋頂工藝技術後來發展得極為講究、極為細膩，早周宮室應該沒有那麼複雜，但材料運用的基本手法是一樣的。

在這裡，也發現了最早的陶瓦。陶瓦主要運用在房屋建築的接縫處，這應該就是後來中國建築普遍使用的「瓦當」的前身。和土坯磚一樣，陶瓦數量不大，應屬新發展的工法技術。燒陶除了用於陶瓦外，也用在前面提到的地下排水系統。在部分水路加上陶管，確保不讓水滲漏進夯土裡，影響夯土的強度與耐用度。

我們得到了明確證據，中國傳統房舍建築的起源來自周文化。傳統建築的分布與功能，從「樹」到「塾」到「庭」到「堂」到「室」，前後兩進與左右對稱的安排，通通在這裡了。周人在周原發跡之時，周朝尚未建立之前，就已經形成這種鮮明的風格。驚人之處不在於這種形式出現得早，而在於後來延續時間之長。由此可以覘見周文化對中國文化的深遠影響，以及周人創造文化價值延續性的特殊能力。

02 周人青銅器風格：少紋飾而重文字

簡單比對周原考古出土的甲骨文和晚商的甲骨文，就可以感受到其間的差異，尤其是熟練程度的差異。我們有理由相信，這是周人學習、模仿商人「卜文」留下來的證據。

到安陽時代，商人的卜甲、卜骨上出現文字的比例甚高，有字是通例，無字是例外。早周的卜甲、卜骨卻相反，卜文罕見。出土的大約一萬七千片當中，只有一百多片上面有字，比例不到百分之一。周人卜文所用的字也很有限，和商人甲骨文上所發現的四千多字無法相提並論。而周人卜文所用的每一個字，幾乎都可以在商人的甲骨文中找到，顯然不是周人自創的。不是因為新創草創所以簡陋，而是因為剛開始學，學得還不夠到位。

早周甲骨圖

鳳雛村出土青銅器圖

鳳雛村考古範圍甚廣，挖掘範圍中也出現許多青銅器，而且不是集中出現，分散在許多不同地方。這些青銅器可以很容易地歸為兩類：商文化風格的，以及不是商文化風格的。

商文化風格的，可能是周人有意模仿鑄造的，當然也有可能是從別的地方運過來的。有意思且重要的是，出現了非商文化風格的青銅器，代表周人已經在發展自身的風格。這意味著，要嘛他們已經擁有獨立文化認同的自覺，要嘛他們運用青銅器的方式和認定青銅器的功能，已經和商人明顯不同，所以無法繼續沿用，必須有所變化與調整。

周人早期所鑄的青銅器，有明白運用固定紋飾，如饕餮紋的。但沒多久，青銅器上的紋飾就不斷退化。很有可能是饕餮紋所象徵的人與動物間的關係，不在周人的信仰裡，也就不會用和商人同等的精力去維護饕餮紋的細密完整。商代青銅器上最醒目的紋飾，到了周人手中愈來愈敷衍，愈來愈形式化。

有些商青銅器中固定放在正面的紋飾，在周青銅器上就被放到不起眼的側面。有些本來是大面積的紋飾，在周青銅器上只剩下蓋子上的一小圈。更普遍的改變是，不管什麼紋樣都被簡化，不再那麼繁複了。

從鑄造的角度看，周青銅器上的紋飾需要的工藝技術當然就降低了，整體鑄造青銅器的人力與物力成本也隨之降低。對周人來說，這些紋飾失去了超越、神聖的意義，他們自然不會再投注那麼高的成本來予以表現。

再晚一點，再進一步，周青銅器上的紋飾就都幾何化了，成為純裝飾性的線條，徹底喪失了讓觀者感到迷離、眩惑甚至幽微恐懼的效果。商青銅器中最主要的一種形式——類似眼睛的紋樣，彷彿總有神祕的眼光從青銅器中投射出來——到西周中期就完全不見了。

周人青銅器的特殊之處，立即能讓人注意到的重點，就是從形制和紋飾上移開，移到了青銅器所刻鑄的文字上。文字愈來愈明顯，出現在愈來愈醒目的位置，而且文字愈來愈長，占用的空間愈來愈大。還有，文字所訴說的內容愈來愈豐富，也愈來愈重要。

03 牧野之戰的意外勝利

早周考古確證，商代晚期在西方興起了一個強大的文明，使得商人感受到威脅。依照文獻記錄，武乙特別到周人領域來「田獵」，卻在這裡遭雷打死，沒能回去。這應該是隱諱地說明了商人與周人間最早的一場衝突。從武乙以降，商與周的關係愈形緊張，商人對周人的防範與壓迫也愈來愈強烈。

周人翦商之前的領導人是西伯昌，也就是周文王。依照後世記載，文王曾經被商人拘執（「昔西伯拘羑里，演周易」）。文王死後，武王繼位，依照《史記・周本紀》的說法，武王在位九年後，「……上祭於畢。東觀兵，至於孟津。為文王木主，載以車，中軍。武王自稱太子發，言奉文王以伐，不敢自專。」

文王已經死了九年，為什麼武王還要自稱「太子發」？而且出兵時還要在中軍最重要的位置供奉文王的靈位神主牌？這裡面潛藏沒說出來的話已呼之欲出：文王顯然死於商人之手。周人忌諱商人的強大勢力與共主地位，敢怒而不敢言，隱忍了九年時間，感覺自己的實力上升到可以向商人討公道了，於是武王才搬出文王神靈，發動了復仇之旅。

《尚書・泰誓》留下了這次「孟津之會」的說法，關鍵的訊息是「文王無罪」。文王死後，武王發兵，就是質問商人：你們為什麼害死我父親？他做了什麼讓你們如此對待？我們齊聚了這麼大的同盟勢力，你們能不給一個交代？

現階段沒有足夠的史料了解商人如何處理這個事件，周人的記錄也只顯示他們後來又從孟津退回鎬京。但這仇沒解決，兩年之後，周人再度出兵，因而有了「牧野之戰」。

「利簋」銘文記載：武王十一年甲子日，與紂王帝辛的軍隊戰於牧野，早上歲祭，黃昏時就取得大勝。勝利來得比周人預期的快速且全面，因為商軍倒戈。因而後世就留下武王光靠仁德，幾乎沒有打仗就翦商成功的說法。不過，在《孟子．盡心》中引用亡佚的《尚書．武成》，卻形容這場戰役如「血之流杵」，滿地是血，多到可以將木頭做的「杵」浮起來。

兩派說法彼此對抗，看起來互相矛盾。現在我們可以依據戰爭剛結束就鑄造的「利簋」銘文，同意孟子的質疑。牧野之戰應該打得很快，商人軍隊沒有太大的戰鬥力，一下子就自潰倒戈了。然而牧野之戰不是故事的全部，關鍵在於牧野之戰後。

來得那麼容易的勝利，不在周人預期中。這時他們必須決定：那再來呢？在很短的時間內，他們做出不在原本計畫內的決定——進取朝歌。

往朝歌去，意味著不只挑戰商王的共主地位，而且要取而代之。這就沒有像牧野之戰那麼容易了。《逸周書．世俘解》中有一個武王翦商的功績表。《逸周書》從書名到殘存片段文字所用的記日方式，都顯示應該是早期周人文獻，書裡指出：翦商一共降伏了九十九族，六百五十二國（城邑），並在過程中馘首了十萬七千七百七十九人，俘虜了三十萬零二百三十人。[34]

綜合周人文獻，我們大致可以推斷，牧野之戰打得很快，贏得很容易，然而牧野之戰的意外勝利，燃起了周人的野心，升高了他們的目標，一鼓作氣地往朝歌去。真正的阻力出現在周人要取代商人為共主的過程中，有些族和國望風投降，但一定也有些反對和抵抗，必須訴諸武力才能解決。

04 被砍頭卻拒絕倒下的刑天

周人「翦商」，是商、周關係長期緊張的結果。而他們的緊張關係，牽涉到兩種文化間的根本差異。

《史記·殷本紀》在記錄武乙田獵於河渭之間被雷打死之前，有這麼一段奇怪的話：「帝武乙無道，為偶人，謂之天神。與之博，令人為行。天神不勝，乃僇辱之。為革囊，盛血，仰而射之，命曰『射天』。」

依照《史記》所述，武乙最狂妄無道的行為，是要和「天」搏鬥。他叫一個人扮成「天神」來搏鬥。誰會贏呢？當然是武乙贏了，他就將「天」殺了以侮辱「天」。而且他還拿一個皮囊，在裡面裝滿血，高高掛起來，拿箭仰著向上射，把皮囊射破，叫做「射天」。

這段話很怪，更怪的是，幾乎完全一樣的記錄，在《史記·宋世家》中竟然又出現一次。這

34 據《逸周書·世俘解》記載：「武王狩，禽虎二十有二，貓二，麋五千二百三十五，犀十有二，氂七百二十有一，熊百五十有一，羆百一十有八，豕三百五十有二，貉十有八，麈十有六，麝五十，麇三十，鹿三千五百有八。武王遂征四方，凡憝國九十有九國，馘磿億有十萬七千七百七十有九，俘人三億萬有二百三十。凡服國六百五十有二。」

次說的是宋王偃，《史記》原文是：「……東敗齊，取五城；南敗楚，取地三百里；西敗魏軍，乃與齊、魏為敵國。盛血以韋囊，縣而射之，命曰『射天』。淫於酒婦人。群臣諫者輒射之。於是諸侯皆曰『桀宋』。『宋其複為紂所為，不可不誅。』」

《史記．宋世家》又稱「宋微子世家」，因為「宋」這個封國的開國者，就是商王帝乙的長子，也就是紂王的哥哥微子啟。周人翦商成功後，將殷遺民交給微子啟，封在宋，而有了宋國。

宋就是商人後裔。很明顯地，因為這樣的背景，到春秋戰國時，宋人頗受歧視。這個時期的文獻中，每每荒唐的笑話都推在宋人身上。大家聽過「守株待兔」的故事，那個坐在樹下傻傻等兔子再撞上來的，是宋人。大家也聽過「刻舟求劍」的故事，那個劍掉進河裡卻連忙在船身上做記號的，也是宋人。宋人特別笨，笨事都是宋人幹的。

這樣的傾向一部分反映了延續幾百年的差異與衝突。在周人眼中，繼承商文化的宋國與宋人，就是和他們不一樣，看來看去就是覺得格外不順眼。

所以當宋偃王囂張跋扈時，人們會特別指責他「淫於酒婦人」。好酒酗酒，是周人眼中商人最不可原諒的耽溺罪行，也是周人認定商人之所以敗亡的主因。至於沉湎女色，那是周人宣傳紂王最重要的失德行為之一。換句話說，由商人後裔組成的宋國，現在出現了一個如紂王投胎般的惡魔。

而且，他還不只是紂王投胎，也是武乙附身，也做了和武乙同樣的不道行為——射天。奇怪的是，武乙和宋王偃為什麼都要和「天」過不去呢？為什麼要特別凸顯自己可以勝「天」，可以把「天」射下來？

《山海經．海天西經》中有一條關於「天」和「帝」爭鬥的神話：「刑天與帝至此爭神，帝斷其首，葬之常羊之山。乃以乳為目，以臍為口，操干戚以舞。」「刑天」指的就是「刑餘之天」，被懲罰、被砍頭了的天。天為什麼被砍頭？因為他要和帝爭奪最高的神位，結果爭輸了，被帝懲罰。然而，頭都被砍了的「刑餘之天」竟然還不服氣，沒有頭，便以乳當眼睛，以肚臍當嘴巴，還要繼續與帝鬥。

《山海經．大荒西經》中還有這麼一段：「……故成湯伐夏桀於章山，克之，斬耕厥前。耕既立，無首，走厥咎，乃降於巫山。」說成湯伐夏桀，戰勝了，在過程中將「耕」（應該是夏桀的部將或助手）斬殺了。但耕沒有頭卻還跑，一直跑到巫山才被馴服。

《山海經》的這兩段故事有著明顯的共同處，那就是砍了頭都不屈服。一則被砍頭的是天，另一則是耕。《山海經》是一本奇特的書，內容來歷不明，其中許多故事的說法和別的書講的都不一樣。例如在大部分典籍裡，后羿都是反派角色，在故事裡是輸家，但《山海經》裡的后羿卻是個英雄。

考索《山海經》故事的價值偏見，我們有理由相信，這應該是一本記錄東方神話的文獻。至少是和東方文明比較接近的。牽涉東、西方位時，《山海經》幾乎都是「重東親西」。很有可能，《山海經》的來源和商人、商文化關係密切，因此在周代以後，只能以散亂的形式存留，無法正式進入周人的典籍系統中，一直都是邊緣性的文本。

從商人與東方的觀點，記錄湯打敗夏桀、馴服耕的過程，那是理所當然的。更加有意義的，是天和帝相爭，而且天輸給了帝被砍頭的故事。後世的《山海經》插圖本通常將刑天畫成一個大巨怪，和書中的其他神話角色視作等同。但如果考量「天」的特殊意義，以及「帝」在商人文化中的重要性，這故事要說的似乎就沒那麼簡單了。

「天」是周人的至高神，「帝」則是商人的至高神。天來挑戰帝，被帝打敗了、砍頭了，卻沒有徹底屈服，以刑天的無頭恐怖面貌，捲土重來繼續挑戰帝。這看起來，應該是關於周人崛起威脅商人地位的一則寓言，精要地顯示了這兩個民族之間的緊張鬥爭關係。

商人以其一貫的鬼神邏輯，將他們和周人之間的敵對轉寫為神話。你要挑戰我？你覺得你比我厲害？要確定誰比較厲害，最徹底的方式就是比比看，你後面的神和我後面的神，到底誰才是真正的盟主。你們家的天打不贏我們家的帝，那麼當然在世間，你們周人就應該乖乖聽我們商人的命令。

然而讓商人頭痛的是，周人沒那麼容易臣服，一直在西邊作怪。商人幾度以不同方式試圖鎮壓周人，周人卻每每過一陣子就來搗蛋，於是反映在商人的神話裡，就變成那被砍了頭卻拒絕倒下的刑天。

05 周人對「天」的信仰與敬畏

將「天」看作會來和「帝」爭神，這是商人的概念，卻不見得符合周人自己對於「天」的認知與想像。

周人信仰最突出之處，就在於和商人以神鬼為中心的系統大不相同。商人的「帝」，是祖先神靈的至高者，在另外一個超越領域中，但隨時可以和人間溝通，也會接受人間的祈求而降臨來干預人事。那是一個「人格神」，雖然在另一個領域，然而其存在形式和人沒有絕對差異，也依循人的喜怒哀樂邏輯運用其意志。

相對地，周人的「天」，卻是「自然天」，也就是抬頭看到覆蓋在人頭上的那一片既完整又神祕的東西。這個「天」最重要的特色，就是我們不知道那是什麼，為什麼會這樣無窮無盡地掛著，為什麼從上面不斷送下來各種我們無法抗拒的改變。陽光、雨水、風雲、雷電……，我們無從理解「天」的奧妙。

周人的「天」很可能來自黃土高原的生活環境。那個時代，黃土高原雨量少，沒什麼樹林，一片開闊，隨時隨地看得到天，而且黃色的大地和藍藍的天形成了視覺上再強烈不過的對比印象。人總是意識到天，感覺和天很接近，卻又無法理解天，於是有了一種抽象的對於天的敬畏。

這不是神鬼信仰，準確地說，絕對不是商人式的神鬼信仰。相較之下，商人活躍居住的區域植被較密，樹林較多，尚未被砍伐，那樣的自然環境也就較為幽暗，充滿不確定的視覺、聽覺等因素。

周人的「天」是個抽象、超越的存在，覆蓋、主宰一切，卻相對不受人的影響操控。死去的人、鬼、神都無法和天相比，它們不是同等層次的存在。商人有很多「祭」，有很多要祭的對象，也就是有很多要溝通的神鬼。周人不一樣。周人的「歲祭」是最重要的大祭，祭的不是自己的先祖，竟然是商人的祖先。

換句話說，「祭」的形式與意義，是周人從商人那裡偷來的，不在他們原有的信仰裡。藉由祭，他們要繞道商人的後門，解決商人勢力的根本來源。周人想：「你們老是宣稱你們的神比較厲害，你們懂得如何和厲害的神溝通，讓厲害的神來幫助你們，所以你們壓在我們上面，逼我們就範。現在我學會與你們的神溝通了，我也能請你們的神來幫我，看你們要怎麼辦！」

對周人來說，祖先祖靈不是最大的。「天」存在於更高的一個層次上，不管是商人的祖先，甚至周人自己的祖先，都必然低於抽象的、全面的天。這樣的天不是有形的神，不是可以化身來和帝打架爭鬥的。

周人的「天」隨時照臨著人間世界，而且隨時在評斷人間世界。「天」的信仰在周文化中和同樣抽象的「正義」概念結合在一起，是周人最大的突破與貢獻。天高高在上、無所不在地監看著人。人無所逃於天的鑒察，因而天所形成的是非評斷最公平，超越了人的主觀偏見。

相較於「大邑商」，周人一貫認定自己是小國，也一貫以這樣的態度對待商人。然而他們的崛起造成商人的不安，商人持續加強對他們的威嚇與壓迫，終於讓周人感到忍無可忍。不論事實為何，周人認定商人殺了文王，「是可忍孰不可忍」，為了阻止商人進一步壓迫，周人聯合了其他勢力，對商人示威。

沒想到牧野一戰顯示了商人的軍隊如紙老虎般脆弱，一夜思考後，周人進襲朝歌，雖然沒有像牧野之戰那麼容易，竟然也將朝歌打下來了。從外面看如神一般，介於人與神之間的商王帝辛，也就是特別豪奢、講究排場的紂王，竟然就自殺了。

這些都不在周人的預期中，他們首先迫切需要的，就是對自己解釋：到底發生了什麼事？為什麼會發生這種奇怪的事？這時，他們原先就已經發展的「天」的信仰，就適時發揮了解釋的作用。

06 「天」降禍於商，「天命」歸周

《尚書・酒誥》中說：

……我聞惟曰，在昔殷先哲王，迪畏天，顯小民，經德秉哲。自成湯咸至於帝乙，成王畏相。……我聞亦惟曰：在今後嗣王酣身，厥命罔顯於民祇，保越怨不易。誕惟厥縱淫泆於非彝，用燕喪威儀，民罔不盡傷心。……庶群自酒，腥聞在上，故天降喪於殷，罔愛於殷，惟逸。天非虐，惟民自速辜。……

這段話裡，說話的周公明確比對了周人的特色，尤其是和被打敗的商人比較，那就是「畏天，顯小民」，對天心存敬畏，同時照顧一般老百姓。他們的另一項長處是「經德秉哲」，服從德行規範，有智慧地處理國家大政。

在這裡，周公仍然帶著敬意看待商人，稱呼「殷先哲王」。商人先王也都有相當的智慧，從成湯到帝乙，在帝乙之前都是好王。帝乙之後才變壞了，變得「厥命罔顯於民祇，保越怨不易」，不再顧念人民，只沉迷於酒。

「酒誥」之名，來自文中強調的重點──商人因沉迷於酒而墮落、衰敗。因為商人墮落了，所以天才將亡國的厄運降臨在他們身上。並不是天要對商人不好，天是公平的裁量者和評斷者，沒有私心，是商人自己墮落的行為引來天的懲罰。

另外，《尚書．多士》中亦有說法：

……肆爾多士！非我小國敢弋殷命。惟天不畀允罔固亂，弼我，我其敢求位？惟帝不畀，惟我下民秉為，惟天明畏。我聞曰：上帝引逸，有夏不適逸；則惟帝降格，向於時夏。弗克庸帝，大淫泆有辭。惟時天罔念聞，厥惟廢元命，降致罰；乃命爾先祖成湯革夏，俊民甸四方。……殷王亦罔敢失帝，罔不配天其澤。在今後嗣王，誕罔顯於天，矧曰其有聽念於先王勤家？誕淫厥泆，罔顧於天顯民祇。惟時上帝不保，降若茲大喪。惟天不畀不明厥德，凡四方小大邦喪，罔非有辭於罰。……

《尚書．多士》一開始就講：「非我小國敢弋殷命。惟天不畀允罔固亂。」意思是：不是我這個小國敢於革商人之命，是因為天無法容許商人「固亂」，一直不依照道理行事。以周人自己的意志，絕對不敢爭奪商人的位子，那不是周人去要來的，而是商人不知道要敬畏天，不懂得天的道理與威力，所以天降禍於商人。

接著，《尚書．多士》中出現了周人最早的歷史哲學。不只是商人如此受到天的懲罰，在商之前的夏也是不守規矩，所以天要成湯來收拾夏，才有了商的王國。商人前面的王戰戰兢兢地服侍帝，生怕自己配不上天給予的責任，於是能夠繁榮壯大。但後來商王的行為讓天無法容忍，所以「天命」才交到周人手中，周人在天的意志下取代商朝，這不是周人自己的主觀野心。

07 重現世，輕超越，觀察天於民

傅斯年先生在《性命古訓辨證》[35]中整理了相關的《尚書》文章，得出結論：周人相信天命如何運作，天命會交給誰呢？第一，要敬天，小心翼翼地意識到天的監督和評斷的人。第二，要能「保人民」，照顧人民，尤其重要的是「慎刑」，不殘虐人民，不亂殺人。第三，要勤勞，要「毋忘前人艱難」，依循前人謹慎小心的態度，而且「在秉遺訓」，不能忘記前人留下的教訓。第四，「毋康逸，無酣於酒」，不能懶惰，更不能沉湎於酒。

長期以來，商人相信祖先，依賴祖先。在和商人共處並遭到商人壓抑的情況下，周人不可能覺得自己的祖先有多了不起、多值得依賴。畢竟，周人的祖先贏不過商人的祖先。在商人巨大的陰影下，周人一直將自己視為一個小族，被大族商欺壓，一不小心，連傑出的領袖如文王都會被商人羈押、害死。

因而周人相信天，相信一個連商人的鬼神都無法操控的公平主宰。天不屬於誰，不偏向誰，高高在上監視著每個人和每個人群的行為。使商人失去共主地位的，不是周人的祖先，甚至不是周人自身，而是看不慣商人酗酒淫亂的天。天將力量交給了周人，讓他們去做對的事。

傅斯年先生的《性命古訓辨正》中，另外一個有意思的觀察是：《尚書・君奭》裡說「天不可信」，意思不是我們不能相信天，而是天沒有必然、固定的行為，不會一直都那樣。天和天命是會變動的，不像商人的祖先，總是站在商人那邊幫助他們。天現在站在你這邊，並不表示祂明天、未來都會一直不變地支持你。

天不會都一樣，不過天的改變是有一定規律的。周人歸納出關於天最重要的規律，就在最關鍵的「天命」施予上，天是依隨「德」而移轉的。於是，由天的超越信仰，自然轉出了在人事上連帶對於德的強調。

《尚書．酒誥》中還有一句話是：「人無於水監，當於民監。」意思是不要只從水面照看自己的容貌，真正最好的鏡子是人民，應該在人民當中看到自己是什麼樣的人。依照傅斯年的解釋，這句話在文中應該加引號，是一句引文，是引用前人所說的話。這句話是周人的祖先留給後來領導人的告誡之語。這裡的「人」指的不是每一個人，而是特指要統治、帶領人民的領袖。

天監管著人的行為，天看到了什麼？我們有辦法知道在天的眼裡，我們長什麼樣子，是好是壞嗎？周的先人指示：要知道天的觀察角度，最好的方式就是看你所帶領的人民的反應。人民集體眼中反映出來的你，最接近天看到的你——人民喜歡你，就代表天讚許你；反過來，人民討厭

35 可參考傅斯年，《性命古訓辨證》（中央研究院歷史語言研究所單刊乙種之五，一九四〇年初版，一九九二年二版）。此書從訓詁學、考據學、語言學方法入手，將商周甲骨文、金文到先秦諸子典籍中的「性」、「命」二字，做逐一的統計與分析。

你，那你就得小心了，天也會討厭你，可能收回給你的天命，降下懲罰來。

周人愈來愈不信鬼神，轉而強調可以在現世現實中觀察、掌握的。他們的天愈來愈遠離「人格神」，要了解天，不必也不能訴諸超越人間的經驗，反而是回到人群裡，看人民的反應。外於人間另一個領域的信仰還在，但關心的重點不在彼而在此。

這種「重現世，輕超越」的信仰傾向，其實也出現在商代晚期的商人文化中。祖甲改革的基本方向，也是朝著降低鬼神對於人世的直接干預，要將人和鬼神間的關係予以制度化。換句話說，不再那麼相信、依賴鬼神的任意介入，要在鬼神之外維持人間事務的規律與合理性。至少祖甲所代表的這一支明顯地偏離鬼神，靠近人文本位，但畢竟商文化建立在濃厚的鬼神信仰上，商人的調整轉變不可能那麼徹底。

建立一套離開鬼神、徹底以人為本的新信仰，是在周人手中完成的。

08 翦商後的行動：遷徙商遺民

周人翦商，是不折不扣的「信史」，當時留下來的銘文記錄讓人無可懷疑。不過一直到今天，我們仍然無法確定這件事究竟發生在哪一年。

中國大陸一項龐大的國家研究項目「夏商周斷代工程」，將武王伐紂的年代斷在西元前一〇四六年，但這個結論並沒有說服所有的古史研究者。歷來對於武王伐紂的時間，有早至西元前一一二二年，晚至西元前一〇二六年的各種說法。定年分最主要的依據，就是金文上所出現牧野之戰的「甲子日」，以及相關的月相朔望記錄。但畢竟每六十天就有一個甲子日，月相每三十天就循環一次，符合條件的日期很多。到現在看來，這幾個不同說法仍未出現決定性的答案。

打入朝歌後，周人遇到了新的難題，就是該如何接收「大邑商」的勢力，又該如何統治原來的「大邑商」？周人長期以來的小大觀念，在此產生了決定性效果。他們不認為憑自己小邦就可以壓服大邑。雖然在牧野打敗商人軍隊，成功打進朝歌使得帝辛自殺，周人仍未將自己視為商人的征服者。

他們仍對商人有所敬畏。所以他們做了兩項安排，首先是將部分的商遺民移居到渭水流域。關於這個歷史事件，留下了「史墻盤」的銘文記錄。「史墻盤」盤內有十八行、二百八十四字的長銘文。銘文分兩段，前段歌頌周建國的功業，從文王一直講到穆王；後段則講述「史微氏」的家族系譜。後段中有一句，說武王翦商成功後，「微氏烈祖」來見武王，武王命令周公安排他們的居處，安置在岐周。

「史墻盤」在鳳雛村出土，就是岐周，顯示這段系譜故事的真實性。藉由「史墻盤」，我們確認這個商人「史氏」家族（可能就是專門負責記錄的，其族徽中有「冊」的記號，代表和書寫有關）在武王伐紂之後，從原來的殷地遷到岐山下。他們一直居留在這裡，到鑄造「史墻盤」，將他們的家族系譜刻在上面，已經過了七、八代。

「史墻盤」上所列的家族系譜名號，有辛公，有乙祖，有乙公，很明顯是商人而非周人的命名方式，而且和張光直先生整理出來的乙族分類相符合，更加可以確定這個家族的來歷。

史墻盤圖（周原博物館藏）

史墻盤銘文拓片

藉由「史墻盤」，我們也能進一步理解渭水流域出土的青銅器，裡面有些帶有高度商代風格特色的，至少部分是由商遺民遷徙到此帶來的，或是由他們在這裡鑄造的。這類商文化風格的青銅器分布甚廣。

日本學者白川靜認為，周人遷徙商遺民的動機，是為了提高自己根據地渭水流域的農業生產水準。[36]不過從考古上看，這個假設不太堅實。第一，到商代晚期，周文化區的農業技術和商文化區看不出有明顯的差異；第二，周原出土的農業工具，也並未呈現翦商前和翦商後的區別。

由「史墻盤」的例證來看，周人遷徙商遺民是有選擇性的。他們刻意挑選在商文化系統中具有特殊地位與特殊功能的人。那是周人過去所缺乏的能力與專業，用今天的政治學語言說，就是關係到「政權合法性」和「統治合法性」的關鍵能力。一方面，將這些人從朝歌遷走，掏空商人原有的「合法性」象徵；另一方面，也將這樣的象徵能力與象徵事物搬到周人這邊來。青銅器、書寫都是商人統治的重要工具，相關的專業人士也就優先被送到周原。

36　可參考〔日〕白川靜，《金文的世界：殷周社會史》（臺北：聯經，一九八九年）和《西周史略》（西安：三秦出版社，一九九二年）。

09 周召東征和人文政治的開端

除了將一些重要人士遷到周人根據地之外，周人對商人做的第二項安排，就是將朝歌一帶的商人核心區交給武庚（紂王的大兒子）來管理，武王再安排管叔、蔡叔、霍叔三個弟弟在旁邊監視。三個人都叫做「叔」，表示他們比武王年紀輕。周人的名字主要顯示家庭倫理關係。

武王自己回到了豐鎬，也就是宗周。沒多久他就生了重病，這場病在《尚書．金縢》中留下了記錄。為了哥哥的病，周公旦向天祈求，希望能以自己的生命來代替哥哥。

武王沒能熬過這場重病，在伐紂成功後不到兩年就去世了。他的兒子這時還很小，所以就由周公即位，成了周人的統治者。

周公究竟有沒有即位？後世的史學與經學中有很多爭議。從一個角度看，周人的繼承系統很清楚，一貫都是父死子繼，沒有兄終弟及的。而且文王所生的兒子當中，武王是長子，排行接下來是管叔，也不是周公。由周公來繼承武王，當然不符合周人的規矩。

不過從另一個角度看，幾個非常因素齊聚在此：第一，武王死得太早，兒子成王太小；第二，和商人之間的正面衝突才剛結束，情況仍然高度緊張；第三，武王的幾個弟弟都被派留在商人區域，負責監視武庚，只有周公在宗周。在這種非常局勢下，不管有沒有正式即位，實質權力就是落到了周公手中，他是真正的政權執行者。

周公掌權，產生了兄弟相爭的危機，管叔和蔡叔明白反對周公。使得情況更複雜、更危險的是，在管叔和蔡叔背後，還有武庚統領的商人舊勢力。短短時間內，翦商成功後的周面臨著實質分裂，一邊是周公控制的宗周，另一邊是管叔、蔡叔加上商遺民在東方的勢力。

在關鍵時刻，另外一個姬姓宗族發揮了決定性的影響力，那就是召族。和兄弟反目的周公成功說服召公，召族的領袖和他緊密結盟，於是周公得以擁有足夠力量，和管叔、蔡叔正面對決。

周公採取強硬不退讓的態度，出兵東征。後來的歷史書上，一般稱為「周公東征」，但金文資料上幾乎毫無例外都是「周召東征」。召公和召族在這次軍事行動中扮演了最重要的角色。

這場東征規模龐大。從軍事行動上看，其規模及困難程度，甚至超過了武王伐紂。戰區範圍甚廣，北到山西的梁山，南到淮河北岸，以宗周為起點，呈扇形展開。在周朝的成立上，這場戰爭的意義，比翦商更關鍵。甚至可以說，周朝真正的形成，不是在武王伐紂時，而是在「周召東征」之後。

在這場衝突中，周人的勢力被迫正式往東方推進。武王伐紂後，周人原本的打算只是象徵性地取代商人的共主地位，對於商人以及原本臣服商人的領域，只做最有限的象徵性統治。除了要他們承認周人的特殊地位外，其餘基本上都保留既有的狀態。周人不覺得自己已經準備好可以實質控管這麼大的領域，因此保守地退回原來的根據地，繼續戰戰兢兢地經營，不敢有太大的野心。

「管蔡之亂」以其引發的軍事衝突，打破了這樣的保守心態。在召公一支的支持下，周公不只帶兵東征，而且決定找出在東方留下來的辦法。

其中一項辦法，是再度處理商遺民。這次就不只是把他們搬到西邊，還要加強周人到東邊對他們的統治。在朝歌附近，成立了「東都」和「成周」。後世將東都和成周視作同一個地方，然而至少到《漢書》記載這段歷史時，都還顯示其實這是兩個相近卻不完全一樣的地方。東都是將商遺民集中管理之處，成周則是周人新建的城。換句話說，東都和成周緊鄰，但東都是商人居住區，成周則是周人居住區。

另外，周公又將一部分商人交給微子啟負責，到別的地方去成立宋國，分散商人的勢力。值得注意的是，即使在周召東征成功之後，他們都沒有採取強力鎮壓商人的做法。周公、召公這一代的周人，擺脫不了商人強大的記憶，始終對商人有所忌憚。

《尚書．洛誥》和《尚書．康誥》記錄了周公教導成王如何統治鎬京，以及任命康叔治理殷遺民的方法。他明確地保證：「你們的儀式我們不會更動，你們崇奉的祖先、鬼神，我們一樣尊敬，絕對不會有一絲一毫不敬。將來由我代表周人，負責侍奉你們的祖先、鬼神。」

征服者鄭重其事地對被征服者表示：你們最在意的，我們不會予以改變。而且以自己作為周人最高領袖的身分，來主持對於商先公先王的祭儀。這是多聰明、多巧妙的政治手腕，用這種方式一方面安撫商人，另一方面將自己放置在商人的祖先信仰中，利用商人祖先加強自己的權力。

《尚書．康誥》這份文獻是周公頒給康叔的，在微子啟帶領部分商遺民去建立宋的同時，又將康叔封在衛，那個地區也有不少商遺民。〈康誥〉的核心精神是「啟以商政」。周公明白地告誡康叔，要用商人的方式統治商人，不要用周人的方式統治商人。要了解商人的社會規律與文化，尊重他們原有的方法，以他們原本的習慣來治理他們。

也就是說，周公要康叔在衛建立一種二元政治。有管理周人的制度，也有管理商人的制度，分別對待。特別凸顯的，是在對待酒的態度上。從〈酒誥〉裡我們清楚看出周人對酒的高度警惕，他們深信商人的墮落、失敗，和酒脫不開關係。〈康誥〉中再度重申禁止周人隨意飲酒，但同時提醒康叔，不要用同樣的方式管理商人飲酒。對於商人飲酒的規定，應該比對周人寬鬆許多，即使不認同，也該尊重商人好酒的既有生活習慣。

在這裡，我們看到了中國「人文政治」的開端。那是一種謹慎思考如何進行統治的態度。這份態度的背後，還有著擔心自己握有的權力隨時可能喪失的戒慎恐懼。只有始終小心，才能繼續維持權力，才能不受傷害。

由商到周，權力的性質與意義有了決然的轉變差異。

10 周人擴張足跡，也是漢語擴張足跡

周召東征之後，周人面對的另一項新挑戰，是和其他民族群體的接觸。

日本學者江頭廣曾做過一個研究，將古文獻和金文中所見的西周氏族名稱蒐集並予以分類。[37]他的分類最重要也最有趣的，是「字根姓」與「譯音姓」的對比。字根姓是固定的，每次出現都一樣，不會變動；譯音姓則如「朱且」和「鄒也」，表面上看來是兩個名字，但指的是同一族。為什麼有兩個不同的名字？因為是翻譯來的。「朱且」和「鄒也」就像 Monroe 有時譯作「門羅」，有時卻譯作「夢露」。

門羅、夢露是外國姓，從不同的語言翻譯過來。朱且、鄒也顯然也是如此。這樣分類之後，江頭廣再依照古地理文獻仔細考索「字根姓」和「譯音姓」的地理分布，如此就能重建周人從西向東擴張的過程，看他們如何逐步遭遇到不同地方的不同部族。

這真是個了不起的研究，這需要具備對中國古音的充分掌握，還要對古地理學相當熟習，更重要的，能夠有這樣一個突破性的洞見——西周文獻出現的名字和譯音有關——才能完成這樣的研究。

透過江頭廣的研究，我們眼前出現了清楚的圖像，看到周人第二次東征之後所受到的進一步

衝擊。他們遇到了操持不同語言的其他部族，努力用從商人那裡承襲而來的文字去模擬記錄「外語」，然後經過一段時間，這些「外語」慢慢融入了周人原有的語言文字系統中。

這是周人擴張的足跡，同時也是漢語擴張的足跡。在這個基礎上，周法高先生試圖耐心地將古漢語擴張圖完整畫出來。這當然是一項考驗學養又考驗耐力的工程，很可惜周法高先生到去世前都還沒有完成這項大計畫。但從江頭廣到周法高，已經明白顯現這不是空想，是真正有機會可以落實的。

第二次東征之後，周人真正進入東方，嚴格意義上的周朝才算真正成立。由商到周，絕對不是後世以為的改朝換代。那是兩個不同且長期衝突的文化拉鋸鬥爭後，產生了此消彼長的新局面。從這裡出現了新的政治形態、新的政治信念，還有新的統治合法性基礎。

周人以不一樣的信念，建立起不一樣的政治制度，也就是「封建制」。封建制度的建立，有賴於中國信史上的第一位政治家——周公，也許還加上召公——的智慧設計，並經過很長的歷史過程演變，才宣告成功。一旦封建制度成立，中國文化與中國人也就徹底被改變了。甚至可以說，我們後來認知的中國文化和中國人，也才從陰森、鬼魅的商文化中脫化而出，正式形成。

37　可參考〔日〕江頭廣，《姓考：周代の家族制度》（風間書房，一九七〇年）。

第十講

從祖宗到天命，從鬼到人

01 周人的自我懷疑與憂患意識

由商到周，徹底改變統治形態的關鍵因素，是周人的「憂患意識」。這是商人的文化與思想中所沒有的。

周人最大的特色，是不斷的自我懷疑。他們在商人的巨大勢力陰影下崛起，而且是有意識地模仿商人，偷用商人的統治絕活和獨門功夫。對於商，他們明顯感覺到自己的落後與渺小。周人從來不曾建立過「我應該勝過商人」、「這天下該屬於我」這樣的民族自信。

小心翼翼伺候大邑商，得來的是商欺人太甚的對待。周人憤而翦商，竟然一下子就在牧野打敗了商人，又更進一步打入了朝歌。這成功來得太快、太突然，使得周人自己目眩神移，一時不知該如何理解，更不知如何應對。

他們找到的解釋是「天」。天的意志決定讓周人戰勝商人，取代商人。但天並不是出於私心偏好做出這樣的決定，天監視、衡量了狀況，被商人的惡行嚴重冒犯，所以假借周人之手，狠狠地懲罰了商人。

這樣的天，現在將勝利與權力交到周人手裡；這樣的天，未來同樣也可能把勝利與權力奪走，交給別的民族。勝利與權力不是理所當然的，更不是周人可以穩固把握的。要留著勝利與權力，周人必須看天的臉色，必須依照天的原則行事，經得起天的監督與考驗。

天的原則是什麼？最容易把握的就是商人行為的逆反。商人的錯誤明確映照出天的偏好，商人就是因為不懂得依照天的原則行事，威武的大邑商才會在一夕間敗給小小的周。

因此，周人熱中於檢討商人所犯的錯誤，那不是要鬥臭被他們打敗的商人，毋寧是為了找出自己勝利後的下一步指引。檢討出一條商人的錯誤，也就意味著多了一項周人必須避免重蹈覆轍的準則。這裡沒有勝利者的光榮與驕傲，有的是對於勝利的戒慎恐懼，不相信勝利的成果可以長久保持，或者說，隨時擔心勝利的成果會被天收走。

對大邑商的尊重態度，加上保有憂患意識，雙重因素使得周人不可能殘虐地對待垮掉的商。沒有將他們收為奴隸，更沒有大肆對他們屠殺，沒有把他們抓來獻祭給神。周人始終保持著警戒和敬意並存的態度來處理商遺民。他們將商遺民交給武庚（《史記》稱為祿父）來統領，也就是不只讓商人管理商人，甚至沒有瓦解原來的商王系統，在紂王自殺後，仍然換上這個系統裡的人來繼承管理權力。

周人沒有以勝利者的姿態凌駕在商人之上，只是在旁邊布置了軍力，小心監視著。

02 從傳說人物進入歷史人物

武王去世後，周公在宗周取得大權，引發周人內部動亂。管叔、蔡叔聯合商人力量反對周公，這是個巨大的危機。

擺在周公面前的是個大難題、大考驗。這不只是兄弟鬩牆，更麻煩的是，成了東西之爭。他該怎麼做？

周公加上支持周公的召公，在此做了一個重要決定。他們不對東方妥協，甚至不求先在西方自保，他們要帶著周人根據地的力量，第二次朝東方進襲。那就意味著不只要壓服管叔、蔡叔，而且要再度征服商人舊有的勢力。

東征的過程很辛苦，戰爭的範圍及強度很可能超過了武王伐紂的過程。打敗管、蔡與武庚的聯合很不容易，但更不容易的還在後面。東征成功之後，又該怎麼辦？

面對這個難題，出現了中國歷史上的第一位人物，第一位政治家。正因為過去傳統中講中國古史，充滿了各式各樣的傳說人物，從黃帝到堯舜禹湯，所以在重新認識中國歷史的過程中，我刻意不提這些人物，避免用人物串聯的方式來鋪建古史。

從黃帝一直到文王，他們的事蹟一則沒有確切的史料根據，中間都夾雜了許多明顯帶有時代竄亂和不可信的內容；二則無法由後世所建立的制度或文化中得到實證。換句話說，既無當代記錄可供依據，又沒有長遠的影響可供覆案，那麼在說明中國歷史的起源與發展時，我寧可存疑、保留。

從另一個角度看，過去幾十年豐富龐雜的考古成就，讓我們已經能夠跳過這些極不可信的人物傳說，畫出另外一幅歷史圖像。考古遺址與器物，配合古文獻的考索，當然要比這些傳說可信、可掌握多了。而考古所獲和古文獻對照，至今也未能為這些傳說中的聖王增添什麼樣的具體理解。

以這樣的標準看，周公是第一位歷史人物。因為我們手上有古文獻，尤其是《尚書》的資料，近百年來還有對於《尚書》的詳密考據，分辨其間真假。更重要的，有鑄刻在青銅器上確鑿的金文，提供了對照檢核材料，我們對於周公這個人，尤其是他所做的事，有了當代的研究作為基礎。

周公所做最重要的事，是在二次東征後建立了「封建制」。這套制度足足存在了七、八百年，一直到中國文字記錄高度成熟的春秋戰國時代。如此一來，我們就能夠以對這項制度的認識，回頭重建周公的成就，甚至理解他的用意。

用這種方式看到的周公，絕對不同於三皇五帝、堯舜禹湯。周公不是以眾多無法檢驗的傳說構築起來的。就算他的生平事蹟環繞著許多傳說，在史學上，我們今天也已經有一定的材料與方法，可以撥開這些傳說的迷霧，找出核心、堅實和清晰的歷史圖像。

這樣的圖像無法刻劃周公的全貌，但至少在他為何及如何建立封建制度上，已經能夠大致看明白、說清楚了。

03 封建三要素：賜姓、胙土、命氏

我們可以試著從周公的角度來理解封建制的產生。和其他周人一樣，他長期抱持著「商大周小」的觀念，親歷了惡霸「大邑商」迫害自己的父親文王，然後和哥哥武王一起發動對商人的抗爭，結果在牧野一戰獲得意外的大勝。

為父親復仇、戰勝商人之後，周公又和武王一起退回原來的宗周根據地，徐圖下一步發展。但顯然計畫趕不上變化，還沒想清楚未來方向時，就有了一連串的危機逼迫他不得不處理。武王重病到去世，王位繼承安排，然後在他明確掌權後，駐紮在東方的兄弟竟然挾著商人的力量公開與他對立。

周公不得不發動第二次東征，因為這不是單純要不要保有新取得的東方領土的問題，而是關乎自己的地位，也關乎周人原始根據地的前途。這一仗打得十分壯烈，最終以西方的力量壓服了

東方。

但再來呢？第二次出兵占領東方之後，該怎麼辦？顯然不能再用上次的方式，退回宗周已經證明是一項錯誤的安排。但兩三年前覺得自己絕對無法擴張統治商人原有領域的周人，在這麼短的時間內，就能變得足夠強大嗎？還有，在文化上和商人如此不同的周人，能夠沿用商人的統治術來當共主嗎？如果不用商人的統治方法，還有什麼別的方法可用？

這些是橫亙在周公面前的一連串棘手問題，而封建制就是他設計來解決問題的答案。

封建是什麼？歷史人類學家楊希枚先生曾經整理過「封建三要素」，可以拿來作為我們了解封建制的起點。封建三要素指的是「賜姓」、「胙土」和「命氏」。[38]

封建最重要的禮儀是「策命禮」。策命時首先要「賜姓」，這裡的姓是「姓族」之意。賜姓就是選派某些姓族的人民，交給要接受策命的人。賜姓之後，這些人民就歸你管理、帶領，構成你的核心部隊。這些姓族來源不一定，有周人本身，有周人的傳統聯盟部落，也有像商遺民這樣的被征服者。

賜姓之後，接下來是「胙土」，就是指定一塊土地交給接受策命的人。從此之後，這塊土地就屬於你和你所帶領的姓族人民，你要帶著他們去到這裡，開始新的生活。

38 可參考楊希牧，〈先秦賜姓制度理論的商榷〉，《中央研究院歷史語言研究所集刊》第二十六卷，一九五五年。

新的人、新的土地，加起來就產生了新的群體，所以要「命氏」，給一個新的名字。例如，在策命禮中將包括兩個商遺民姓族在內的六族交付給康叔，指定給他一塊離安陽不遠的地方，然後將他們要去開墾居住的這個地方，重新命名為「衛」。從此以後，這六族人民就構成了衛國人口的核心，康叔就成了衛的國君。

04 封建實質意義：征服與占領新地

後世對封建制最大的誤會，在於假定封建之初，周人已經穩固地占有所分封的地域。這是從後世情況回推產生的誤解，是早在春秋戰國時代就有的誤解。

例如後來漢朝成立，要分封子弟功臣，一定是分給他們好不容易靠軍事行動打下來的領土。把韓信封在齊，當然就意味著漢軍已經攻占了齊地。然而，周初最早實行封建時並不是這樣的情況。不論是第一次或第二次東征，周人都沒有條件可以有效占領原本對商人效忠、認商人為共主的所有領土。應該倒過來看，正因為周人這時無法有效占領這麼大的領土，才有了封建的需要。

周初的封建是指派任務，不是分配福利。康叔得到的，不是一個已經安定據有的地方叫做

「衛」，所以他可以帶著人到「衛」去運用權力，享受當地的生產稅收。不，策命禮莊嚴甚至帶點肅殺意味地派令康叔帶著這些人，去將指定的這個地方占領下來，在這裡建立一個新的周人據點，將之重新命名為「衛」，使得「衛」成為效忠周人的地方。

康叔帶去的人原先各屬於不同的姓族，各有不同的來源。現在他們必須同心努力，才有辦法在新的地方落地安居，開創新天新地。所以在原有用來辨識我群的「姓」之外，又給他們一個層級更高的「氏」。從此之後，這六族人通通屬於衛氏，先要認同衛這個大團體，然後才在衛氏當中分別他們又各屬於哪個姓族。

清代學者顧棟高在《春秋大事表》中提到一個歷史現象：在春秋諸國中，他發現有二十國曾經遷移過。也就是說，同一個國名，在不同時間代表兩個或兩個以上不同的地方。之後，中央研究院院士陳槃先生進行了更全面、更徹底的普查，發現可以明確視為遷移過的，不只顧棟高說的二十國，而是高達七十一國。[39]

陳槃不只羅列出這七十一個國名，還仔細地將這些國的遷移記錄畫在地圖上。如此一來，我們可以清楚看出，春秋諸國的遷移是有一定方向的。幾乎毫無例外，都是從比較接近宗周或成周

39 可參考陳槃，《春秋大事表列國爵姓及存滅表譔異》三冊（中央研究院歷史語言研究所專刊之五十二，一九六九年）；《不見於春秋大事表之春秋方國稿》（中央研究院歷史語言研究所專刊之五十九，一九七〇年）。

的核心地區逐步往外移。

舉幾個有名的例子。例如「魯」，後世共識認定在今天的山東，但其最早的封地離山東很遠，是在今天的河南。河南留有魯山的地名，那就是魯的原封地。又例如「燕」，後世認定在河北，接近中原北界的地方，但那也不是原來的燕地。原來的燕在今天的河南偃城，「偃」和「燕」是相通的。

至於「鄭」，最早的封地在今天的陝西，比後來認定的地方要偏西得多。舊封地很靠近宗周，護衛著宗周。大概到周穆王時期，「鄭」才改遷到河南，至今那個地方留下了地名的痕跡，就是河南「新鄭」。新鄭，顯示了相對有舊鄭。

這裡顯現了「胙土」的實質意義。不是把一塊現成的土地交給你，不是派你去當市長，而是要你帶著分派給你的人去到那裡，負責將那個地方占領下來。

「賜姓」的這些族人，為什麼必須團結在新的氏族中？因為他們要承擔的任務是有危險的，要去到新的地方，很可能受到那裡原有住民的反抗，也有可能無法在那裡成功地建立能夠存活的生產與自衛環境。

05 封建自治，形塑不同的文化風格

封建的第一個步驟，其實是「武裝殖民」。賜姓是派給領導者基本部隊，胙土則是指派要去占領的目標。占領之後，這些人就以新的身分留在那裡，管理和經營那個地方，不回來了。

封建制要能成功，就要選擇能夠負擔「武裝殖民」任務的人。他首先必須能夠統領要帶去的不同族姓人民，然後要有帶領這些人到陌生地方進行軍事行動的準備。占領成功了，還要能夠在那裡建立一套新的經濟與政治制度，長久立足。

為什麼會將商遺民分派去參加封建行動？這個決定再度顯現了，即便在第二次東征之後，周人仍然沒有將商人視為被征服者。周人仍是以相對平等的態度對待商人，所以商遺民和周人及其盟友，一併在賜姓之列。商遺民和周人一起進行對外的武裝殖民。

這是個極有智慧的安排。它實質上分散了商人的勢力，表面上卻維持了商人的尊嚴，削弱他們對周人的敵意。在每支封建隊伍中，商人所占的比例當然不會太高，又到了新地方，商人失去原有的在地優勢，就會更快和周人融合在一起。

再藉由「命氏」，讓來源不同、甚至本來是仇敵的幾個族姓建立起新的認同，並在應付陌生地方的危險變數中，產生一體的團結意識。在陌生甚至是敵意的環境中，他們別無選擇，必須快

快聯合起來，彼此支持，互相協助。他們在分封的新地方站穩腳步後，還要發揮共同智慧，找出進一步治理該地的辦法。

《史記．魯世家》中有一段故事，描述伯禽到魯之後，「三年報政」（三年之後才回到宗周述職）。周公問：「何遲也？」（怎麼那麼久才回來？）伯禽回答：因為要改變他們的風俗，革除他們原本的行為模式，建立我們周人的禮儀規範，所以才那麼晚回來。

與之相反，姜太公被派到齊，五個月後就回來了。周公反過來問：「何疾也？」（怎麼會這麼快？）太公的回答是：到了當地，將他們的君臣之禮整頓一下，讓他們按照原來的習俗好好過日子，就沒別的事了，當然回來得快。[40]

太公知道伯禽花了三年時間才從魯回來報政，感慨地說：唉呀，以後齊會壯大，魯得北面事齊，管理人民如果繁複不簡單，人民就不會親附；若能平易近民，人民一定心甘情願接受統治。

太公的預言後來果然應驗了，周代歷史上一直是齊大而魯小。不過這不是重點，我們該看到的重點是，周人往東方進取經營，沒有固定、統一的辦法，如何經營由分封去到那裡的人決定。尤其關鍵的，是決定和當地原有居民之間的關係。

魯後來成了周文化的重鎮，在春秋戰國亂局中以堅持周文化傳統見稱。孔子立志恢復周文化傳統的立場，一大部分就是來自魯的認同。但《孔子家語》中有一段孔子去世前的記錄，孔子夢見自己死後，在「兩楹之間」被祭拜。[41]不同的文化有不同的祭拜禮儀，夏人在「東階之上」，表示死了的人仍然擁有主人的身分；商人卻在「兩楹之間」，表示人死了，魂靈就變成了客人。

夢見自己是在「兩楹之間」受祭，孔子肯定了自己是商人後代。

另外，歷史上看到魯有特殊的「亳社」或「亳里」，是別的地方都沒有的。從名稱上看，「亳」也是商的代表，顯現魯的文化和商人有著相當密切的關係。

東方本來就是商人的起源處，住有商人後裔一點都不奇怪，奇怪的是這樣一個地方，竟然被轉化為周文化重鎮；一個很可能擁有商人血統的孔子，竟然成了周文化傳統最重要的守護者，讓我們體會到周人封建在此創造的驚人改造成績。

齊和魯形成強烈的對比。東周文獻上和齊有關的記錄，都凸顯了這個地方的不馴與異奇。許多最不守禮的行為，都是由齊君王做出來的。整體來看，魯是周文化重鎮，緊鄰魯的齊卻是周文化最不受教的一部分。會有如此戲劇性的對比，《史記》所記提示我們，根本原因來自封建初期不同的策略，一個勤謹改造，一個寬鬆放任，久而久之，魯、齊兩地就產生很不一樣的社會文化風格。

40 此段原文如下：魯公伯禽之初受封之魯，三年而後報政周公。周公曰：「何遲也？」伯禽曰：「變其俗，革其禮，喪三年然後除之，故遲。」太公亦封於齊，五月而報政周公。周公曰：「何疾也？」曰：「吾簡其君臣禮，從其俗為也。」

41 《孔子家語．終記解第四十》記載：「夫子嘆而言曰：『賜！汝來何遲？予疇昔夢坐奠於兩楹之間。夏後氏殯於東階之上，則猶在阼；殷人殯於兩楹之間，則與賓主夾之；周人殯於西階之上，則猶賓之。而丘也即殷人。夫明王不興，則天下其孰能宗余？余逮將死。』」

06 穩固親族關係的「宗法制」

周代的封建制主要在周公、成王和康王掌政時進行，到昭王、穆王時還持續稍有拓展。這段時間裡，周人巧妙地運用自身不是那麼豐富的資源，逐步向外擴張。周人改變了夏人和商人原本鬆散的共主制度，一步一腳印地將領土控制下來，形成一個個的國，維持國與國之間正式且複雜的網絡關係。

周人憑什麼建立這樣的新型態統治地位？首先，依靠他們對商文化的尊重。周人始終認同商文化的進步性，從來沒有狂妄到覺得自己打敗商人就可以踐踏商人。從承認商人為共主之時，周人就一直想盡辦法學習商人的先進文化，即便在商人協助管叔、蔡叔作亂，第二次東征成功後，這種態度都沒有改變。

這是真正的政治智慧。在周公、召公領導下，周人沒有要報復，沒有要毀滅商人，甚至也沒有要徹底壓制兩度戰敗的商人。他們將商人視為需要小心提防的聯盟對象，帶著商人一起進行對外擴張的武裝殖民。用這種方式，他們能夠利用商人先進文化的協助，另一方面又能分散商人的龐大勢力，不再集中在原來的區域構成威脅。

要能夠如此處理商勢力，善用商人的力量，周人憑藉的是他們真正最突出的能力——社會組織能力。在這點上，無疑地他們比商人高明太多，也是他們得以興起、凌駕於商人之上的祕訣。

周人的組織建立在宗法精神上，靠著宗法精神在人與人之間形成穩固的團結意識與團結信念。宗法就是親族系統，依照人的血緣關係來安排彼此的行為互動。有血緣關係的個體共居而互助，這是人作為社會動物的本能，當然不是周人發明的。但周人不只格外強調這項本能，還抬高到超越任何其他價值標準，並賦予這項本能統轄其他價值的至上權威。

周人的宗法制度強調「大宗」、「小宗」，藉此組構起一個可以盡量擴大親族關係意識的系統。「大宗」主要是直系親屬關係，是人原來就有的本能共居合作型態，周人將之固定制度化，而且予以拓展。一個人對於自己的上幾代、下幾代有了明確不移的認知，也有了不斷被強調的行為責任。

但不是只有「大宗」的責任，人還要承擔「小宗」的身分與責任。「小宗」主要記錄親屬旁支關係，也就是沒有那麼必然會共居互助，本來很容易分散和淡化的關係，以人為的禮儀將之固定延長。

每個人都有其大宗的位置，也有其小宗的位置。實質上，一個人就是以其大宗與小宗的位置來決定身分的。一個人活著最主要的意義，就在於承擔這個位置的宗法責任。被放在大宗和小宗的特定位置上，意味著你隸屬於這套龐大的親族系統中，也意味著你和這個系統中的每一個其他人，都有明確且固定的關係。

藉由宗法制度，周人將自己的姬姓組織起來，也將和姬姓有婚姻關係的其他部族組織起來。

隨著周人勢力的擴張，周人通婚的對象增加了，逐漸地，整個區域的人都被統納進這個親族組織中，都在這個綿密的宗法之中有了自己的位置和身分，也就相應有了自己對待別人的行為要求與責任。

宗法的組織原則在封建過程中尤其重要。武裝殖民階段，少數的外來者到了陌生、敵意的地方，關鍵的第一步是隨時弄清敵友，弄清楚誰是可以信任的，誰是應該提防的；或者誰是盟友，誰是可拉攏結盟的對象，誰是要提防甚至要打擊的敵人。

宗法由信任親族出發，親族互信並互助。宗法中有各種不同的禮儀，經常且反覆地確認親族間的行為，把親族拉在一起。有了親族團結作為後盾，面對沒有這種團結力量的人，周人自然能取得優勢。有人願意結盟參加這個親族系統，立即就能利用這項團結優勢；相對地，被排除在這系統外，很難靠自身有限的力量，阻擋集體團結系統的侵逼。

這是一套動態的敵友辨別機制。一方面，到達陌生地的周人可以安心確定哪些是自己人，依照宗法的親族關係來決定信任與合作對象，大幅降低誤判的危險，也大幅降低倒戈、背叛的可能性；另一方面，這套系統不是封閉的，開放讓其他人藉由婚姻參與。原本疏遠的聯盟關係，可以藉婚姻轉化為緊密的宗法親族連結；原本有敵意的當地居民，也可以藉婚姻進入周人體系，變成封建制度中統治集團的一份子。

07 隔代分組、權力均等的「昭穆制」

周人的宗法制度中還有另一項特別的設計，就是「昭穆制」。昭穆制將所有的親族成員隔代分成「昭」和「穆」兩個群體。祖父和孫子屬於同一群，相對地，父親和兒子就分在不同群。

人類學親族文化的調查研究中，有一個歸納觀察，叫做「隔代親近原則」。在許多文化中都發現類似的現象——通常祖父和孫子之間的關係，會比父親和兒子的關係更親近、更自然。這種現象可以用簡單的心理機制來解釋。在兒子成長過程中，父親通常是監督他社會化最重要的責任者，使得父親對兒子較為嚴厲，採取高壓權威的互動模式。而且兒子長大後要取得自己的地位與權力，又無可避免地和父親之間有了競爭，使得兩者關係更不容易輕鬆自在。

相形之下，孫子的誕生就確立了祖父的老人身分，他在社會上擁有因高輩分而來的尊崇，卻也逐漸被解除了實質的權力。他完成了做父親的責任，對於孫子就沒有那種緊張壓力。在孫子能接觸的人之間，祖父仍是和他最親近的男性，如此一來，孫子就比較容易從和祖父的互動中拾取經驗與智慧，也有動機親近祖父。

昭穆制建立在這種隔代親近的普遍心理上，用制度予以固定和強化。在廟堂上，在各種儀式中，親族成員清楚分列開來，一邊是「昭」，另一邊是「穆」，隔代的祖孫站在一起，鄰代的父子則站在對面。

將親族正式隔代分組，還能帶來許多好處。其中一個好處是，減少年歲差距帶來的代間關係混淆。親族系統人愈多、旁支愈多，到了後代，愈容易產生代間的差距與錯亂。一個剛出生的嬰兒，很可能在親族系統的輩分上，比旁支的一個老翁要來得高，老翁要叫他叔叔或舅舅。昭穆制可以將原本一代一代為單位的計算方式，放大為每兩代一個單位，讓這種必然出現的錯亂稍微容易掌握。

更重要的好處是，昭穆制在周人群體間創造了一個二元結構。這個代間的二元結構設計，使得兩個群體始終擁有差不多相等的權力地位。這邊兒子的地位低於那邊的父親，但那邊父親的地位又必然低於這邊他的父親，如此交錯分配。兩群之間保持對等，最有機會發揮正向的互相競爭進步效果。而且這兩群無論如何競爭，都不可能緊張到翻臉，因為你的兒子和你的父親都在另外那邊，你會破壞他們、傷害他們嗎？

用這種制度，周人建立了更牢固的親族組織系統，讓親族組織發揮了更大的共同力量。

周人在組織上的嚴密安排，一部分來自於武裝殖民的需要。武裝殖民的經驗，使得周人長期維持著高度的危機感，感受到持續的威脅不安，相應地就不斷提高他們的「我群意識」。

周人姬姓是個大族，但和他們現在要統治的領土相比，他們還是太小，小到必須謹慎地將族內每個人緊緊拉住，還要能夠發揮族內每個人的能力。宗法制度就是為了達成這樣的目的而建立起來的。

08 封建的分層統治和「承嗣再命」

周人相信天，所以他們對於人間權力最高地位的稱呼是「天子」。透過策命禮，天子將一塊土地和一部分人民交給一個人去進行武裝殖民。這個人（例如康叔）領命之後，忠心地執行了任務，在新的地方初步站穩了腳跟，接下來他做什麼？他就再進行一次策命禮，將自己要經營的地方的一部分，分給另一個人，叫他帶領一部分的人前去治理。

封建是分層的，一層一層分封下去，也就是將統治責任與權力一層一層分配下去。起初，分層只是原則，依照當時現狀所需，沒有規定要分幾層、怎麼分。但天子管轄他所分封的諸侯，諸侯管轄他所分封的大夫，這樣的基本統治模式早早就確立了。

那個時候當然還沒有整齊的「公侯伯子男」五爵制，五爵制要到東周才整齊固定下來。從來源上，我們可以將這五爵制分成兩組，公、伯、子是一組，來自親族稱呼。親族稱呼轉化為爵稱，顯示了由父親封給兒子，甚至由兒子封給父親的過程。到任何陌生的地方，最能彼此信任同心的，還是首推自己的家人，父子兄弟互助分工分權。

另外一組是侯和男，來自軍事名詞。侯來自「射侯」，和射箭有關，顯現了另外一種分封的來歷，是軍事行動的指派。派一個人帶一支武力部隊到一個地方負責守衛，或許本來沒有分封的用意，但這樣的侯防衛久了，在軍事任務之外承擔起理民的責任，逐漸也和分封一樣了。

到了一個新地方，負責治理這個地方的諸侯，可以將這塊區域分割開來，封給自己的兒子、父親或其他軍事統帥。但他不能將自己的位子直接傳給兒子或其他人。他的位子來自天子的策命，任命權仍在天子。如果他死了，也要經由天子，才能把位子交給他的後人。

這樣的程序叫做「承嗣再命」。伯禽到魯，成了魯公，他死後，他兒子不能自動繼承為魯公，必須回到宗周，由天子進行新的策命禮。這是最重要的儀式，保證天子作為權力中心的地位。分封出去的權力只是暫時交給這個人，他死了，形式上天子就將權力收回，重新任命，重新交付任務。

天子對諸侯如此，在自己的領土中，諸侯對大夫也是如此。分封出去的大夫死了，諸侯也在形式上收回權力，透過「承嗣再命」，才把權力轉交給死去大夫的兒子。雖然實質上權力幾乎都交給死者的子嗣（所以叫做「承嗣再命」），但其制度設計的本意，上層的分封者可以將權力交給其他人。

用這種方式，周人才能維繫那麼久的封建穩定。一層一層分出去，但隨時保持一層一層拉回來的機制。龐大的領土一層層分給許多人統領，卻沒有任何一層是真正獨立行使權力的，他永遠隸屬於這個結構中的某一層，被他上層的權力者拉住，同時也負責拉住他下層分封出去的權力。

09「子子孫孫永寶用」的承諾

「策命禮」是封建制度的核心，是最重要的禮儀。諸侯的策命禮中，天子或天子的代表一定要在場，受命的對象一定要在場，另外還有一個人也非在場不可，那就是史官，負責進行記錄的人。

從族徽上可以看出，「史」源自於商代，在商代就是專門管「冊」的人。這種專業與特殊技術，可能也是周人從商人承襲、借來的。「史墻盤」的銘文清楚告訴我們，翦商之後，武王特別將擁有史官身分的這一群人搬遷到宗周去。

史官的職務應該是世襲的。他們在商代主要負責記錄現實人間發生的事。他們的地位當然沒有卜人或巫來得高，因為卜人和巫可以溝通祖先神鬼。史官所記，經常是比對卜人或巫傳遞的祖先神鬼訊息和預言，在人間究竟如何實現。他們的工作附隨在卜之後，沒有獨立的地位。

到了不信神鬼的周文化中，史的地位大大提升，尤其是封建制的發展，讓史的角色更為關鍵。策命禮既是任務交付，也是共同契約。天子將這塊土地、這些人民交付給一個人，責成他去平服和統治。這些訊息必須被明確地記錄下來，作為雙方的依據。

因此，高層次的策命禮除了要由史官在場記錄策命內容外，還要鑄鼎。鼎在此是通稱，泛指青銅器，可以有不同的形制。為什麼要鑄造青銅器？因為那是這個時代的人能夠想像最堅固、不會壞、不會改變的東西。鑄鼎不是為了生產可以拿來用的容器，關鍵在於銘文。和商人相比，周人的青銅器功能及意義都改變了。形制沒那麼重要，紋飾沒那麼重要，反正這樣的青銅器根本不會真正被拿去煮東西、盛東西，其用處就是保留上面鑄造的銘文內容永遠不會消失，也就意味著上面的任務與承諾永遠不會改變。

與策命相關的銘文有一定的格式。上面以被策命人的口吻，敘述自己接受了什麼樣的任務，與任務配合的條件是什麼，敬謹表現承領了任務，矢志長久承擔，所以將這些內容記錄在此。內容最後通常以「子子孫孫永寶用」作結。

「子子孫孫永寶用」表示不只我的一輩子，我的子孫們都會一直記得天子給予的恩惠，繼續執行我們所接獲的任務；但從另一個角度看，這也是對周天子的約束，請永遠記得你曾經給過的承諾，這塊土地、這些人民是你明白冊封給我及我的子孫的。在封建之中，我們彼此的承諾與約束永遠有效。

10 禮儀的社會：反覆提醒親族關係

我們必須佩服周公的智慧，在二次東征之後，發明了封建制。這是個了不起的政治安排。沒有封建制的成立與推進，周人絕對不可能在當時的環境中，完成那麼大一片領域的治理。封建制進而在這個區域中建立了西周將近三百年的安穩，讓周文化得以大幅發展。

與封建制相關的幾項元素，也就在這個過程中固定下來成為社會的基礎，後來更演變為中國文明中的核心性格。

封建和宗法結合，促成了一個禮儀社會。禮儀是不斷反覆提醒、確認親族關係的手段，也就是宗法的實質內容。藉由眾多的禮儀，人的日常生活和親族網絡密切結合。每天從張開眼睛到閉上眼睛，幾乎每一個行為的規範，都牽涉到你在親族系統中的地位。藉由這些禮儀不斷要求你如何做兒子、如何做哥哥、如何做丈夫……，久而久之，你生命中所有的事，都和親族對應關係連結在一起。

經由封建武裝殖民，周人擴散到廣大的區域。在新的封建領域中，他們毫無例外都是少數。少數人要能站穩腳步，還要能建立統治權力，就非得團結不可。以禮儀打造出堅固的宗法信念，能夠最有效地將親族中的每一個人都緊緊抓住。靠這種方式，周人能夠以小博大、以寡勝多，統治了沒有如此堅實組織的其他部族。

除了原有的血緣親族，宗法組織又藉著「命氏」進一步拓展。原本沒有血緣關係的幾族人，到了一個新地方，就人為地形成一個新的統治團體，一個新的氏。本來各族有各族的姓，現在每個人除了原有的姓之外，又得到一個共同的氏，也就有了相關的禮儀，不斷提醒、加強同氏之間的關聯、互動與合作。每一個新成立的國，就擁有一個新的氏。一起去到那裡的人，通通被納入這個氏中，進而在這個結構裡產生新的宗法關係，以及相應的互相對待行為規範。

這些都是靠禮儀來維繫，社會組織藉由禮儀才能存在。沒有禮儀，以宗法為原則的社會組織就會瓦解。後世到了「五四」時代，有了「禮教吃人」的憤恨指控，批判中國社會充滿了禮儀規範，禮儀規範甚至比人還重要，人似乎是為了禮儀而活著。如此重視禮儀的中國社會是怎麼來的？可以遠溯自周代的封建和宗法，而在封建和宗法成立之初，那樣的環境中，真的就是禮儀比人重要啊！

周人之所以崛起和成功的關鍵，不在於一時打敗了商人，而在於體認了組織的重要性，找到一種方式將人嚴密地組織起來。這個方式就是親族，就是宗法。姬姓任何一個人沒什麼了不起、沒什麼用，要將整個姬姓團結起來那才了不起。而要真正有大用處、有大成就，還得以姬姓為基礎，再去一層層聯合不同的人，讓他們也都願意被收納進來團結合作。

宗法以及支撐宗法的禮儀，是使得這一切變得可能的祕訣。沒有禮儀，作為個人活著，哪裡也去不了；有了禮儀，遵守禮儀，成為宗法組織中的一份子，生命的意義與潛力就完全不同。

在這樣的背景下，禮儀的重要性被抬高了，禮儀的內容也變得繁複而全面，籠罩了中國人的生活。

11 文字的社會：備忘契約，長遠存留

宗法和封建也使得中國成為一個文字社會。封建的本質，就是一層一層分封的任務與承諾，也是一套複雜關聯的契約。西方美索不達米亞平原的楔形文字就是為了記錄商業契約而製作、傳播的。中國的文字原來在商人手中是一種神祕符號，但周人將之改來運用在政治契約上，也才讓這原本只有極少數人能夠運用的鬼神符號，改頭換面有了人間性，也才開始廣泛流傳。

宗法和封建結合起來，形成一套帶有強烈契約精神的制度。在這制度中，每個人有確切的位置，也就有相應的行為規範，必須遵守規範，盡守責任。只有文字能夠有效記錄每個人相對的宗法位置，以及相應的封建責任。若沒有文字，這套制度無從建立，更無從維繫。

文字功能的轉變，甚至關係到中國青銅器的沒落。中國青銅工藝鮮少運用在生產工具上，所以青銅器的沒落和鐵器的發展沒有直接關係。青銅都用在鑄造象徵性的禮器上，鐵則運用在農具

等實用工具上，兩者沒有代換關係。

青銅器的沒落，受到文字書寫變遷的強烈影響。本來在商人手中用來通天地的青銅器，在周文化中變形為保留文字契約的載體。將文字鑄刻在青銅器上，好處是可以永久存留，壞處是耗時耗工。隨著文字運用的擴大與普遍，人自然會尋求更容易、更方便的書寫和存留形式。

人們應該很早就開始在竹簡或布帛一類的物體上寫字，但這樣的書寫形式無法確保存留，也就不可能運用在契約上，更不可能取代青銅器上鑄刻銘文的做法。在書寫歷史上，後世凸顯了蒙恬發明毛筆的貢獻，視之為重要里程碑。不過如果從探究青銅器沒落的角度看，墨的發明與出現，恐怕要比毛筆來得重要。

毛筆讓書寫容易，墨則讓書寫的結果可以長期存留。放進周文化的脈絡中，寫下來的字能夠存留格外要緊。有了墨，可以在竹簡一類的載體上長期留下文字記錄內容，就可以不必那麼費力去鑄鼎，為了將要保留的文字鑄刻在上面。

對周人來說，書寫本身的意義不大，重點在於書寫下來的文字可以抗拒時間，可以不變地保留。在周人手中，文字的意義巧妙地改變了，最主要在於備忘，在於固定不變、長遠存留。

西周是刻有銘文青銅器的極盛時代。顯然是後來發明了可以穩固保存書寫記錄的其他方法，周人對於青銅器的依賴也就下降了。於是青銅器愈鑄愈少，青銅鑄造的技術也隨之變得不那麼精良了。

從商到周，中國文字一直帶有非人間的神聖性質。不過，商人將文字視為神鬼世界的訊息，懂文字、會書寫的人具備召喚神鬼的特異能力，讓人害怕，引人崇拜。周人則重視文字不隨人世變化的性質，和現實中的所有一切都不一樣，只要化為文字書寫下來的，就不會改變，也不會消失。

12 中國文字的神聖性與絕對性

對於文字的神聖尊崇，是中國文明的一項特色。法國哲學家德希達（Jacques Derrida, 1930-2004）主張，西方文明的根本精神是 Logocentrism，勉強翻譯為「言談中心主義」。意思是西方文明將文字視為語言的抄記，先有語言，然後才用文字捕捉語言、保留語言。所以語言是根本，文字則是衍生的。語言是基礎、是真的，文字則是不得已的拷貝。因為語言留不住，所以人只能退而求其次，以文字為意義承載的對象。

在這樣的狀況下，語言高於文字。文字是我們藉以回到語言、描摹語言的不完整工具，所以叫做「言談中心主義」，在中心的是已然消失、難以復原、只能片面從文字中不完美地去探求的真理。

對中國人來說，德希達從這個概念出發的哲學論理很難理解，關鍵在於中國文明的價值系統中，語言和文字的地位恰好相反。從古史起源上，中國的文字從來就不是語言的衍生。非表音文字顯然不是為了記錄語言而產生。在發展過程中，從商人到周人，又都明確賦予文字不只是超越語言，而且是超越有限人間現世的地位。

如果文化價值有所謂的「本質論」，在中國，文字才是本質。語言上愛怎麼說就怎麼說，無所謂，但要寫成文字就不一樣了，那是不同真理層次上的事。

「五四」時期提倡白話文，對文言文恨之入骨，視為傳統之大惡代表。而當時的保守主義者、後來的民族主義史學家要對抗這股「五四」反傳統潮流，要保衛文言文，最常提出的論點就是：依靠這套和語言脫離的文字系統，才得以將中國的統一維繫住，沒有因為各地方言的差別而無法溝通，四分五裂。

從歷史角度應該予以補充解釋的是：中國早早就存在一套非表音文字，並不意味著就必然不會、不能再創造出另外不一樣的表音符號系統。之所以沒有走上表音的路，當然不是因為古時人們就考慮要建立和維繫一個幅員廣大、語言多樣的帝國，而是因為這套非表音文字系統早早就取得了神聖地位，以此地位壓制了其他不同系統的出現與流傳。

更為關鍵的是這套文字的神聖性與絕對性，和周人的宗法制、封建制密切結合。所有最重要的契約關係，都用這套文字記錄在千辛萬苦鑄成的青銅器上。沒有文字保障的契約有效性，沒有大家依照文字規定的方式形成封建體制，周人和周文化就無法存在。

帶有強烈憂患意識的周人，為了建構長久的組織關係，巧妙地運用了商人發明的文字，進而在他們的憂患意識主導下，也必然戰戰兢兢地看守這套文字的有效性，保證文字穩固傳留，不會消亡，不會被取代。

13 記憶的社會：過去比現實美好

宗法、封建，加上非表音的文字，又給中國文明帶來另一項特質——這是一個記憶的社會，重視記憶，要求記憶。

以近乎永遠不會壞朽的青銅器記錄下封建的承諾，大大延伸了周人的時間感，或者可以直接說——歷史感。曾經存在過的，不能也不該隨便遺忘。從人的基本身分開始，就是一套記憶的建構。你是誰，由你在宗法親族組織中的地位決定，這套組織複雜而綿密，由上一代、上上一代傳留下來，還要往下一代、下下一代傳流下去，而且愈變愈複雜。

我們可以從孔子身上清楚看出這種「記憶社會」、「歷史社會」的價值信念。從一個角度看，孔子正是在這個價值裡中毒太深的人。對他來說，首先，曾經存在過的、留在記憶裡的，都比現實美好。人能想像、創造的美好事物，都在從前出現過了。其次，曾經存在過的、留在記憶裡的，沒有特別的理由，不該去改變，也不能改變。

這不是孔子的個人態度與信念。他反映了從西周以來，周人賴以存在與擴張的價值基礎，也承襲了那個文化中既有的信念。他所處的時代，對於這套價值信念產生了高度的質疑與破壞，因而孔子便以既有價值信念的守護者自居。

孔子主張要回到周公制禮作樂的源頭，也就是封建剛建立的黃金年代。這個主張內在有著很大的矛盾。如果真的回到那個年代，那裡就不會有孔子的位置。在那個舊體制裡，沒有老師這回事。老師這個角色是孔子開創出來的。在那個舊體制裡，像孔子這樣一個低階的士，在層層封建關係中，甚至根本沒有資格接受完整的王官學訓練，更不用說要拿這些學問和能力來教別人了。在那個舊體制裡，眾多的孔子學生也不具備可以接受王官學教育的資格。

孔子其實是個不折不扣的開創者，開創了原本不存在的事業。但他始終堅持「述而不作」，把理想放在還原復古。真復古的話，那就把他自己還有他所做的事都取消了。為什麼會有這樣的矛盾？為什麼孔子沒有感覺到自己的矛盾？追究這些問題，可以讓我們感受到，周人的記憶與歷史價值多麼根深柢固，就連革命和創新都要以記憶之名、歷史之名來進行，才能取得穩固的地位，才能說服孔子自己的合法性。

關於孔子，在《不一樣的中國史》第二冊會有更詳細、更深入的討論。重新認識孔子，確切依照既有可信的史料來認識孔子，是理解從西周到東周歷史變化的關鍵要點之一。

14 文化的奠基與思想的變化

現在我們對中國歷史和中國文化留有的印象，以及習慣提出的描述，其實大部分是由周人建立起來的。新石器時代考古已然顯現，中國文明的起源是多元的，不同的人與不同的文化並存。考古和文獻的比對，也顯現了商代的社會及文化，和我們認定的中國文化有很大的差距。中國歷史上絕對不容忽視的大轉折，發生在商、周之際，周人打敗了商人，以人本的宗法制度取代重鬼神的組織原則，又以封建制度取代了原有的鬆散共主制。

新的封建政治也刺激了新的地理概念，或者說徹底改變了這塊區域的地理劃分。中國被重新分成一個一個的國，每一個國又分成一個一個更小的封地。其中有許多國的地理基礎，歷經兩千多年持續作用，至今規範了我們的地理認識與理解。

例如，儘管山東作為一個行政單位也有幾百年了，然而山東的東部和山東的西部，至今在風土意識上仍然存在著明確的差異。東邊是齊，西邊是魯，行政上沒有分別，但歷史上的界線仍繼續存留在人們的觀念裡。

地理上的變化，還牽涉到原來的城。新石器時代後期，開始出現普遍築城的現象。在傳統中劃分的夏、商兩朝，夯土築城更加發達。到處林立的小城，在周人行封建的過程中，逐漸被編入分層的系統中，於是產生了前所未見的城與城之間的密切互動，而且原本存在於城與城之間的空荒地帶，也隨之被漸次開發。

城的變化又引發新網絡的形成。在分封的新制度下，城與城有了上下隸屬關係，產生了交通來往的需求。有交通，也就有交易與商業活動。我們可以從東周繁盛的交通貿易狀況，回推到西周的草創時期。

另外，周人對文字的高度重視，帶來了文字的巨變。最根本的突破在文字和語言間的關係。對比閱讀最古老的兩本文獻——《尚書》和《詩經》，可以清楚感受到變化的方向與結果。《尚書》幾乎無法朗讀，意味著《尚書》中的文字和後世的語音系統顯然有著極大的差距。或者再換一種方式說：後世的這套文字讀法，在《尚書》成書時應該還沒有確立起來。《尚書》的詰屈聱牙，來自其中文字和語音沒有固定的、可遵循的規律。

語言與文字間的規律是在《詩經》建立起來的。《詩經》是周人將原本沒有明確讀音的這套文字，用來記錄聲音、還原語言的偉大實驗。《詩經》之後，這套非表音文字才有了至少可以對應語言的方式。文字和語言扣連起來，保證了這套文字能夠繼續存留下去。

從西周到東周，如果用朝代史的角度看，仍然是同一個朝代；但從社會與文化的角度看，那是另一次翻天覆地的大變化。我們可以透過三個人來思索這番變化的核心意義。一位是孔子，他是實質上的改革者，卻在心情上堅持守舊與復古。一位是莊子，他徹底放棄了原有的封建規範，試圖由規範的反面，建立新的人生態度。一位是老子，他巧妙地尋找一種規範瓦解時，人如何自保，如何運用變局的世故智慧。

這些是由通史的角度，往下繼續認識中國歷史的幾條進路。

國家圖書館出版品預行編目（CIP）資料

不一樣的中國史. 1 : 從聚落到國家,鬼氣森森的時代-夏、商 / 楊照作. -- 初版. -- 臺北市 : 遠流, 2020.04
面； 公分.
ISBN 978-957-32-8747-6(平裝)

1.中國史

610 109002988

不一樣的中國史 ①
從聚落到國家，鬼氣森森的時代——夏、商

作者 / 楊照

副總編輯 / 鄭祥琳
副主編 / 陳懿文
特約編輯 / 江秉憲
封面、內頁設計 / 謝佳穎
排版 / 連紫吟、曹任華
行銷企劃 / 舒意雯
出版一部總編輯暨總監 / 王明雪

發行人 / 王榮文
出版發行 / 遠流出版事業股份有限公司
地址 / 104005台北市中山北路一段11號13樓
電話 / (02)2571-0297 傳真 / (02)2571-0197 郵撥 / 0189456-1
著作權顧問 / 蕭雄淋律師

2020年 4 月 1 日 初版一刷
2021年10月20日 初版六刷
定價 / 新臺幣380元 (缺頁或破損的書，請寄回更換)

ISBN 978-957-32-8747-6

遠流博識網
http://www.ylib.com
E-mail: ylib@ylib.com
遠流粉絲團 https://www.facebook.com/ylibfans